RENET-TENER

Ancien Maire de l'Isle-Adam — Président de la Délégation Cantonale
Officier de l'Instruction publique

L'ISLE-ADAM

SES CHATEAUX

ET SES DOMAINES

25 GRAVURES ET PLANS

PONTOISE

IMPRIMERIE LUCIEN PARIS

7, place de la Harengerie

RENET·TENER

LES CHATEAUX

ET

LES DOMAINES

DE L'ISLE-ADAM

La Forêt, les Ponts et les Écluses

Places, Rues, Chemins, Ruisseaux

Suivis des Escarmouches de STORS et PARMAIN

du 16 au 30 Septembre 1870

L'ISLE-ADAM

Le Château dans l'Ile du Prieuré

CHAPITRE I

TEMPS PRIMITIFS. — PREMIER CHATEAU OU PREMIÈRE
FORTIFICATION. — LES NORMANDS. — PREMIER
SEIGNEUR. — LE PRIEURÉ. — RELIQUES DE SAINT
GODEGRAND. — PÈLERINAGE. — FONTAINE MIRA-
CULEUSE.

Il est incontestable que les premiers habitants
des Gaules ont occupé la plus grande des deux
iles jumelles de l'Isle-Adam, sur laquelle ont été
édifiés, plus tard, les différents châteaux et un
prieuré.

Les dragages de l'Oise, effectués autour de cette
ile en 1905, ont ramené des armes en silex, en
bronze et en fer de formes et d'époques variées,

et aussi quantité d'objets romains, gallo-romains, du moyen âge, et des différents styles adoptés en France jusqu'à l'époque actuelle. La présence de ces nombreuses pièces indique l'habitation constante de cet endroit depuis les temps les plus reculés jusqu'à nos jours.

Il est probable que le premier château ou plutôt la première fortification fut élevée pour entraver les invasions des Normands, qui ravageaient les bords de la Seine.

Les Normands s'emparèrent, en 886, de la forteresse en bois construite dans l'île de Saint-Martin, à Pontoise, et la brûlèrent. Ils montèrent ensuite à Beaumont où ils firent de même, et ils n'épargnèrent pas l'Isle-Adam, qui fut pillé en même temps que Beaumont.

Dans un manuscrit de la bibliothèque de Sainte-Geneviève, nous lisons : « Qu'un seigneur Adam, qui ajouta plus tard à son nom celui de l'Isle, était connétable sous Philippe Ier, qui régna de 1060 à 1108, et que ce seigneur fit bâtir un château dans la plus importante des îles ».

C'est certainement aussi à cette date que quelques maisons se groupèrent sur les rives de l'Oise, car jusqu'alors les écrits ne mentionnent que Nogent-sur-Oyse.

Il s'ensuit que cet Adam de l'Isle peut être regardé comme le premier seigneur de l'Isle-Adam. Il appartenait par sa famille à ces puissantes races

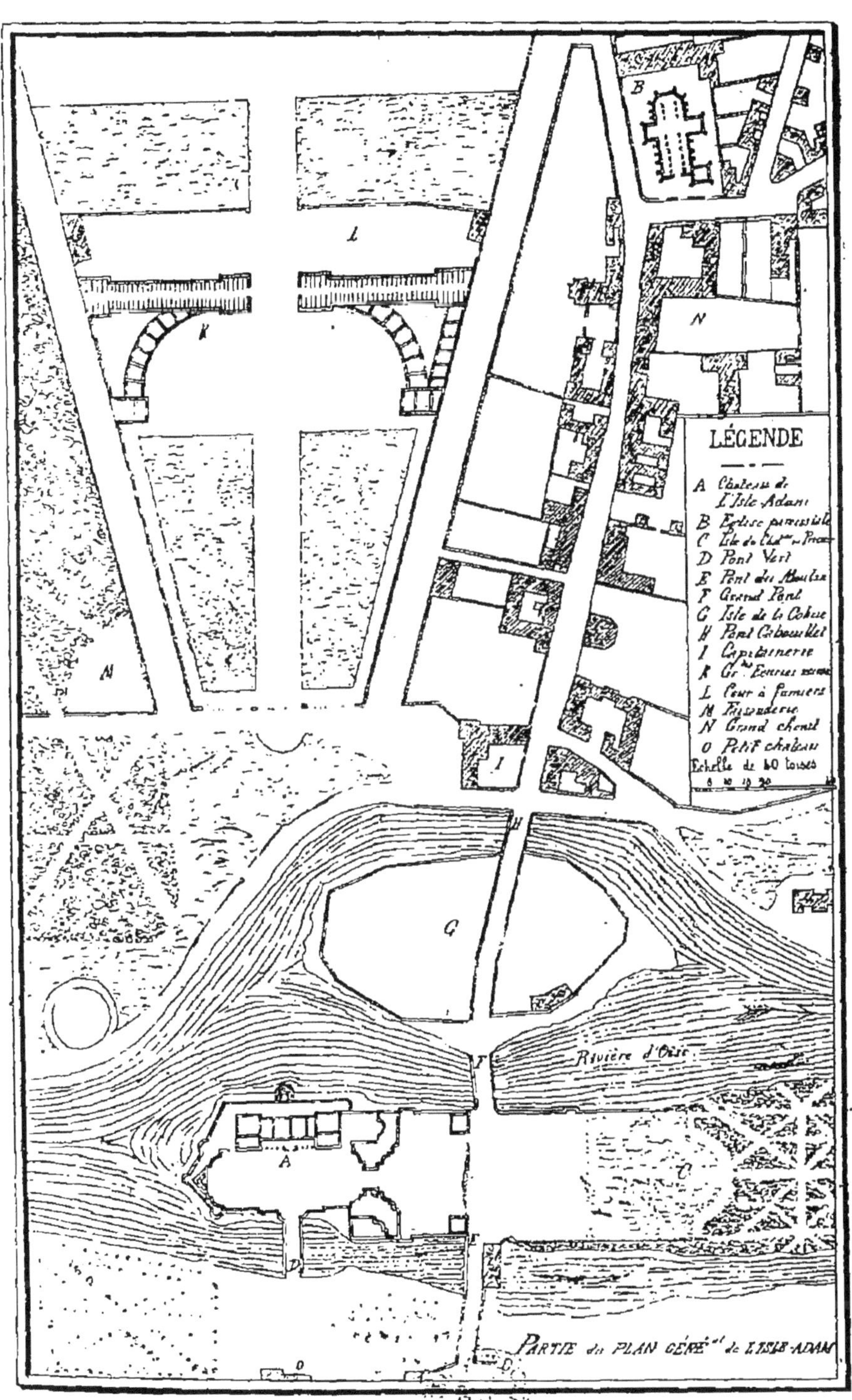

LÉGENDE
A Château de l'Isle-Adam
B Église paroissiale
C Isle de l'État ou Proca...
D Pont Vert
E Pont des Moulins
F Grand Pont
G Isle de la Cohue
H Pont Cabouillet
I Capitainerie
K Gr.des Écuries neuves
L Cour à fumiers
M Faisanderie
N Grand chenil
O Petit château
Échelle de 40 toises
Rivière d'Oise
PARTIE du PLAN GÉRÉ.al de L'ISLE-ADAM

féodales qui avaient mis la main sur tout le pays et probablement sur les biens de l'abbaye de Saint-Denis, que les colons avaient désertés par crainte des Normands.

C'est donc de la fin du xıe siècle que date l'établissement du premier château de l'Isle-Adam, dont la situation particulière en faisait un point de défense important et un refuge de toute sécurité.

On n'a aucun renseignement sur l'architecture de ce castel. C'était sans doute une de ces constructions massives flanquée de tours comme il était d'usage d'en élever à cette époque. On sait seulement que le pont du côté de Parmain était défendu par une grosse tour qui a joué un rôle important dans la destinée militaire du château.

Un peu plus tard, un prieuré était édifié dans la même île principale, à laquelle il a donné son nom.

C'est, en effet, à la fin du xıe siècle, entre 1060 et 1108, que nous voyons les seigneurs de l'Isle-Adam devenir les bienfaiteurs de ce prieuré, fondé en 1014. L'abbé Lebœuf nous apprend que les reliques de Saint Godegrand, évêque de Séez et frère de Sainte Opportune, furent apportées, par crainte des Normands, à Moussy-le-Neuf, entre 860 et 880. Un seigneur Adam de l'Isle alla, en l'année 1014, chercher en personne le chef du pontife, et rapporta sur les épaules la châsse contenant cette relique, accompagné d'un nombreux clergé ayant à la main des torches et chantant des cantiques.

Le même seigneur fit édifier, dans l'île de son château, une chapelle dédiée à la Sainte-Vierge et y déposa la tête de Saint Godegrand, en 1014. Est-ce de cette date que le chef de ce saint fut partagé avec Saint-Martin-des-Champs?

Ce prieuré était le but d'un pèlerinage fort suivi, et la relique du saint était portée en procession dans les calamités publiques.

Une fontaine miraculeuse coulait au pied de la chapelle, qui était surmontée d'une haute flèche très élégante. Cette fontaine a disparu lors de la démolition de la chapelle et des petites maisons qui l'entouraient.

Le rapport de ce prieuré était de 3,400 livres à l'époque de la Révolution. Il consistait en maisons, biens et dîmes à Nogent et dans les communes environnant l'Isle-Adam.

On sait le nom des prieurs depuis 1175. Le premier, Foulques, est le troisième connu; il paraît dans un acte de 1149. Le dernier a été Dom Pierre Thivolet, religieux de Cluny, représenté par le curé de l'Isle-Adam jusqu'en 1791.

CHAPITRE II

Armagnacs et Bourguignons. — Sauvage de Fromonville. — Blason des sires de l'Isle-Adam. — Familles ayant possédé le domaine. — Les Villiers. — Les Montmorency. — Le moulin banal. — Les Ligueurs. — Pillage et incendie du chateau. — Reprise du chateau.

Pendant les guerres des Armagnacs et des Bourguignons, le château de l'Isle-Adam fut tour à tour au pouvoir des deux partis. En 1417, le duc de Bourgogne en devint maître après avoir occupé Beaumont. C'est de l'Isle-Adam qu'il mit le siège devant Pontoise et s'empara de cette ville qui fut occupée par des troupes nombreuses, notamment par les Picards.

Le duc de Bourgogne fît capitaine de Pontoise Jean de l'Isle-Adam, le même qui fut plus tard maréchal sous Henri V, roi d'Angleterre, le vainqueur d'Azincourt, reconnu comme régent et héritier de la couronne de France. Rentré sous l'obéissance de Charles VII, ce même seigneur fut chargé de la défense de Pontoise. Il se laissa surprendre dans cette ville le Mardi-Gras 1437 par des soldats anglais qui s'étaient avancés vêtus de linceuls blancs dans la campagne couverte de neige. Le sire de l'Isle-Adam dut fuir en habits de nuit, sans armure, par une poterne qu'il fit ouvrir. Il périt misérablement la même année, à Bruges, pendant une sédition populaire.

C'est aussi sous ce même seigneur que, le 15 décembre 1427, Sauvage de Fromonville, écuyer, fut pris dans le château de l'Isle-Adam après une résistance désespérée, et emmené à Bagnolet. Son exécution, ordonnée sans jugement, eut lieu avec sauvagerie. Dans la précipitation du bourreau la corde se rompit ; en tombant le pendu se cassa les reins et une jambe, et dans ce pitoyable état il fut remonté à la potence, pendu et étranglé. En outre de sa défense de l'Isle-Adam, il était accusé de différents crimes commis dans les Flandres, notamment du meurtre d'un évêque.

Anciennement, le blason des sires de l'Isle-Adam était : *De gueules à la fasce d'argent à six alérions de même.* Les barons de l'Isle-Adam, sires de Villiers, en portèrent un autre auquel on peut attribuer une origine fort ancienne. On sait que, lorsque s'apaisèrent les commotions de la fin de la race de Charlemagne, les conciles rétablirent la hiérarchie monastique, mais que les intérêts matériels furent remis à des *avoués* ou défenseurs militaires. Il serait possible de voir dans une ancienne *avouerie* de la basilique de Saint-Denis l'origine du blason de la famille des

LE MOULIN

Villiers de l'Isle-Adam. Elle a pour armes un dextrochère, c'est-à-dire un bras étendu revêtu du manipule, ornement que les prêtres portent pendant la célébration de la messe.

L'église de l'Isle-Adam, qui a conservé ces emblèmes : *D'or au dextrochère vêtu du gonfanon de même au chef d'azur*, les doit aux seigneurs de Villiers, héritiers au xive siècle de cette chatellenie.

Le domaine de l'Isle-Adam passa successivement aux mains des de Villiers, des Montmorency et enfin des Conti.

On n'a aucun renseignement sur les modifications qui purent être faites au château par les Villiers.

A la suite d'un don fait par son cousin Charles de Villiers, le 17 septembre 1527, sous réserve d'usufruit, Anne de Montmorency en fut propriétaire pendant quarante ans. Ce seigneur réédifia les bâtiments du château et y plaça sa devise : *A planos* (sans erreur, sans écart, infailliblement) sur la façade. Il fit aussi reconstruire sur le pont de Parmain le moulin banal, à côté de l'audience et des prisons, et il répara les ponts.

A cette époque, le domaine comprenait seulement la châtellenie de l'Isle-Adam et les fiefs de Parmain et de Valmondois.

Le château fut pris et saccagé par les ligueurs de Beauvais en 1570. Il fut repris le 13 juillet

1589, par les comtes d'Hédouville et de Perthuis — fief qui existait à Champagne — pour Henri IV, ainsi qu'en témoigne une lettre du roi à sa maîtresse, la belle Corisandre, alors duchesse de Grammont, et datée de Pontoise du 14 juillet 1589.

A la fin de décembre 1590, vers le 25, le marquis d'Alincourt, qui commandait pour Mayenne, étant redevenu maître de Pontoise, chassa de l'Isle-Adam les capitaines Perthuis et d'Hédouville, brûla le château et ne conserva que la tour qui commandait le pont du moulin, dans laquelle il laissa une garnison de lansquenets. Le bourg fut pillé et le feu mis en plusieurs endroits.

Le 11 septembre 1591, le marquis d'O de Fontenay, qui était parti de Senlis avec des troupes assez nombreuses, 4 pièces de canon, 254 boulets et autres engins de guerre en 8 charrettes, parut devant le château, dont il somma la garnison de se rendre. Sur son refus, le feu fut ouvert immédiatement et une brèche pratiquée. On allait donner l'assaut quand les ligueurs, privés de moyens suffisants de défense, rendirent la place. On y réinstalla une garnison sous les ordres du marquis d'Hédouville.

Dans la trêve consentie le 1er septembre 1592, entre le marquis d'O et le marquis d'Alincourt, et ratifiée le 30 mars 1593, la neutralité du bourg et du château de l'Isle-Adam fut confirmée.

FAÇADE DU CÔTÉ DU BOURG À LA FIN DU XVIIIe SIÈCLE

CHAPITRE III

Les Conti. — Incendie accidentel. — La princesse de Conti a Jouy. — Acte de décès de la princesse de Conti. — Reconstruction du chateau.

Par le partage des biens de Henri II, prince de Condé, en 1651, le domaine de l'Isle-Adam échut à Armand, prince de Conti, frère puîné du grand Condé, qui épousa, le 22 février 1654, Anne-Marie, fille de Jérôme Martinozzi, noble romain, et d'une sœur du cardinal de Mazarin.

Le prince de Conti qui avait d'autres domaines, ne se fixa pas d'une façon suivie à l'Isle-Adam. Le château ne fut habité que par périodes sous le règne de Louis XIV, et cependant le domaine s'agrandit par de très nombreuses acquisitions.

Le château, qui avait été réédifié, comme nous l'avons vu, par Anne de Montmorency, était placé au N.-E. dans l'île dite du Prieuré, face à l'est, vers le bourg.

La nuit du 30 juin au 1ᵉʳ juillet 1669, le château fut incendié accidentellement. M. Coüard, l'ancien archiviste du département, a retrouvé les traces de ce fait. Procès-verbal en a été dressé par Nicolas Michelin, bailli de l'Isle-Adam, pour Messeigneurs les princes de Conti et de la Roche-sur-Yon, alors en bas âge.

Les plus grands efforts furent tentés par les habitants pour arrêter le feu, qui avait pris dans l'aile du côté nord. Le bailli, aidé du procureur fiscal, sauva les livres, les titres, les papiers, fit sortir les meubles et les tapisseries. Les habitants de l'Isle-Adam et des villages voisins, en particulier ceux de Jouy-le-Comte, commune limitrophe, accoururent pour prêter secours ; malgré tout, les combles et les étages supérieurs furent en partie détruits.

Durant les travaux de réparation, la princesse douairière se retira à Jouy-le-Comte dont elle fit restaurer l'église et bâtir le presbytère. Elle combla cette commune de bienfaits ainsi qu'en témoigne la pièce suivante :

Acte de décès de Anne-Marie Martinozzi, princesse de Conti, dressé par maître Jacques, curé de Jouy-le-Comte :

« Le jeudy quatrième jour du mois de février
« 1672, Anne-Marie Martinozzi, princesse de
« Conti, décéda à Paris en son hôtel sur les
« quatre heures du matin, au cinquième jour de
« sa maladie, âgée d'environ 35 ans et ayant
« passé douze ans avec Armand de Bourbon,
« prince de Conti, second prince du sang, gou-

HALLALI VIS-A-VIS DU CHÂTEAU AU XVIIIᵉ SIÈCLE

« verneur du Languedoc, son époux, qu'elle n'a
« survécu que de dix ans. Elle a laissé le prince
« de Conti, son fils aîné, âgé seulement de dix
« ans et dix mois, et le jeune de La-Roche-sur-
« Yon, son second fils, âgé d'environ huit ans...
       « Le lendemain, son cœur, après avoir été embeau-
« mé et enfermé dans une boëte d'argent, fut porté
« par la duchesse de Longueville, sa belle-sœur,
« au couvent des Carmélites du faubourg Saint-
« Jacques, où reposent ceux de plusieurs prin-
« ces et princesses de la maison de Bourbon. Le
« 6 février, le corps, après avoir été embeaumé,
« fut porté sans aucune cérémonie à l'église
« Saint-André-des-Arts et inhumé près le maître
« autel. Elle avait été malade deux ans dans la
« commune de Jouy-le-Comte, étant logée au
« Pavillon, le château ayant été brûlé ; elle fit
« bâtir le presbytère, réparer l'église et prit le
« cimetière pour en faire le jardin du presbytère.
« Elle passait tout l'été à Jouy...
       « Elle avait une vénération particulière pour
« les évêques et les curés. Elle était très bienfai-
« sante, d'un très grand esprit, d'un certain sans
« mine et sans contrainte.
       « Jamais depuis qu'elle a été à Dieu, on ne l'a
« vue au bal, aux danses, aux comédies. Dans nos
« paroisses, pendant qu'elle a vécu, on ne savait
« ce qu'était le cabaret, les danses et autres
« divertissements du siècle. Ses dons, qui étaient

« nombreux passaient tous par les mains du clergé.
« Mais son éclatante charité se fit voir lorsqu'elle
« fit donner un très grand nombre de draps, de
« couvertures, pour que les mères et les pères
« ne couchassent pas leurs enfants avec eux,
« lorsqu'ils commençaient à avoir six à sept ans,
« afin aussi que les frères et les sœurs ne cou-
« chassent pas ensemble, et pour obvier à tant
« de malheurs qu'on a vus et que les enfants
« conservassent l'innocence de leur batesme.

« Il ne suffit pas de dire qu'elle était au-dessus
« de tous les éloges et que *ipsa sibi elogium est* ».

Après avoir ajouté, le brave prêtre, « qu'il ne
fera jamais une aussi grande perte », il signe :
« Jacques, curé de Jouy ».

En 1710, le prince Louis-François fit ragréer
le château et l'édifia tel qu'on le voit dans le
tableau d'Olivier Barthélemy : *Hallali devant le
Château*, qui est à Versailles. Ce prince abattit la
grosse tour, située près du pont du moulin, et y
substitua un pavillon et un autre parallèle à
l'angle du pont de la Croix, qui franchissait le
grand bras de l'Oise.

Ce dernier bâtiment a été brûlé le même jour
que le château actuel par les Prussiens, le 30 septembre 1870, en même temps que trente-cinq
maisons à Parmain. C'est au pied de ce pavillon,
qui n'a pas été reconstruit, que se trouvait la
barricade où, les 27 et 29 septembre 1870, un

petit nombre de Français tinrent en échec pendant plusieurs jours des forces allemandes considérables, qui voulaient forcer le passage et qui
appartenaient à l'armée du grand duc de Mecklembourg.

CHAPITRE IV

L'ISLE-ADAM AU XVIIIe SIÈCLE. — OPINION DE LOUIS-FRANÇOIS. — ACQUISITION DE STORS. — VENTE DE L'HOTEL CONTI. — DESCRIPTION DU CHATEAU. — REMISE A NEUF ET MODIFICATIONS. — ANECDOTE DU PRINCE ET DE Mme DE POMPADOUR.

Au xviiie siècle, l'Isle-Adam ne ressemblait en rien à la coquette petite ville d'aujourd'hui. C'était un village sur la rive gauche de l'Oise, vis-à-vis du hameau de Parmain. Presque tous les habitants de l'Isle-Adam étaient serviteurs du prince; la grande rue, ou rue de la Chaussée, constituait alors ce qu'on appelait le bourg.

Louis-François considérait l'Isle-Adam comme la terre des ancêtres par excellence, tous les autres domaines n'étant venus que successivement grossir la fortune familiale. Il n'entra en possession de l'Isle-Adam qu'au décès de son père, en 1727. Il se débattit longtemps au milieu de la gêne, et ce n'est que vers 1745 que le prince put s'équarrir comme il le rêvait

En 1746, il acquiert le château de Stors au marquis de Verderonne. A la même époque, le roi transporta au prince le domaine de Pontoise

et le comté et domaine de Beaumont, etc. Conti
achète alors au duc de Bouillon le superbe château de Saint-Martin de Pontoise, moyennant
100,000 livres : il avait coûté 1,800,000 livres au
cardinal de Bouillon, *l'enfant rouge*.

En 1751, le prince devenu grand prieur et qui,
par ce titre, demeurait au Temple, vendit à la
ville de Paris l'hôtel de Conti, où il était né, à
l'effet d'y bâtir l'Hôtel de Ville ou le Théâtre
Français. Ces projets ne furent point exécutés et
l'immeuble devint l'Hôtel de la Monnaie.

Vers le milieu du xviiie siècle, le château de
l'Isle-Adam n'avait pas été modifié. C'était un
grand bâtiment rectangulaire, très haut, briques
et pierres, assis sur des terrasses voûtées formant
de vastes sous-sols aménagés en cuisines, salles
de bains et caves. Il était surmonté d'un comble
en ardoises assez haut, percé de lucarnes donnant
dans le chéneau ; de hautes cheminées sans ornements dominaient le tout.

Il se composait d'un rez-de-chaussée et de trois
étages où l'on comptait 75 ouvertures. Il avait
13 toises et demie de hauteur de la terrasse du
bord de l'eau au faîtage, et 3 toises de moins du
côté de la cour. Le rez-de-chaussée était affecté
aux appartements du prince. Sa chambre à coucher à alcôve était éclairée par deux croisées
donnant sur la rivière ; ensuite le salon de compagnie et la salle à manger.

Chaque étage était composé de 8 chambres numérotées, éclairées par deux croisées donnant sur l'Oise : c'était la demeure des amis. Au petit château, à Parmain, se trouvaient la salle des jeux et de nombreuses chambres. Il y avait encore des logements dans l'hôtel Bergeret, que le prince venait d'acquérir dans la grande rue du bourg.

La réparation et l'amélioration du château furent décidées par le prince Louis-François le 25 mars 1777, sur un projet de M. André, son architecte, qui nous a laissé à ce sujet un mémoire très intéressant. Cet André fut le maître de Fontaine, l'architecte de l'Empereur, qui fit la Madeleine, la Bibliothèque, etc..., et conserva son poste sous tous les régimes jusqu'en 1849 ; il travailla tout jeune au château de l'Isle-Adam.

Les bâtiments menaçaient ruine ; le prince résolut non seulement de les réparer, mais aussi de bâtir, de l'autre côté de l'Oise, parallèlement au bourg et face au château, des écuries monumentales. En même temps il décidait de clore la forêt de murs et de sauts de loup. Le travail dura de 1777 à 1780 et coûta, pour le château seul, 432,800 livres.

Dans cette réparation, le gros œuvre seulement resta ; les anciens souterrains furent consolidés, mais on dut refaire en entier un gros mur de refend au milieu du château dont les pilotis étaient pourris. Les mansardes furent supprimées :

on y substitua un étage de 8 pieds sous plancher,
et autour du toit il fut créé un attique avec
balustres et pilastres masquant un toit, à la
romaine. La balustrade fut ornée au milieu, sur
chaque façade, de deux grands motifs [1]; celui
qui était placé face au bourg représentait les
armes du prince entourées d'ornements guerriers.

On avait laissé au-dessous l'ancien fronton trian-
gulaire qui couronnait l'arbre symbolique, haut
de tous les étages, que le père prince y avait fait
sculpter avec cette devise : *Exagitat frondes,
immoto stipite, ventus*, que l'abbé Grimot a ainsi
traduite :

> Le vent peut bien agiter son feuillage,
> Mais ferme et droit son front brave l'orage.

Et il explique ainsi l'origine de ce symbole :
« Le prince invité par le roi à faire une visite à
Madame de Pompadour, y semblait peu disposé ;
le roi devint pressant. Cédant à la volonté du
souverain, il entre dans la chambre de la favorite,
s'assied sur son lit en disant avec mépris : « Tiens,
vous avez un bien beau lit pour une femme
comme vous ». Comprenez la colère de la Pompadour ! Elle obtint du roi l'exil du prince dans

---

(1) C'est par fantaisie que Moreau le Jeune a placé
des motifs aux angles dans sa gravure.

son château de Trie, près Gisors. Mais celui-ci, aussitôt prévenu, fit étayer le château où on l'exilait et exposa au roi qu'il ne pouvait se rendre dans un bâtiment qui menaçait ruine. Louis XV n'insista pas ; mais Madame de Pompadour n'oublia jamais. Pour se moquer, le prince fit sculpter l'arbre et la devise ».

Ce fait, raconté ainsi, nous paraît invraisemblable. Certes le prince fut un ennemi politique de la Pompadour, mais non un ennemi personnel ; il n'y avait aucune relation entre eux. Il semblerait plutôt que le prince, forcé par le roi de rendre visite à la favorite, lui eût dit d'un air moqueur et comme manière de conversation : « Tiens, voilà un bien beau lit ». Mais il n'ajouta certainement pas le reste de la phrase, qui eût été le comble de l'insolence. D'ailleurs, à cette époque, Madame de Pompadour n'était pas mal considérée à la cour, et le parfait gentilhomme qu'était le prince se montra toujours trop correct pour dire une pareille grossièreté à une femme, même fût-elle ennemie. Que la haine de ces deux personnages ait persisté, cela ne fait aucun doute et suffit à expliquer le symbole sculpté sur la façade et la devise.

CHAPITRE V

DESCRIPTION DES COURS ET FOSSÉS. — ÉTENDUE DES
ILES. — COUR D'HONNEUR. — RÉPARATION DU
CHATEAU. — DISTRIBUTION INTÉRIEURE. — DÉCORA-
TION ET MOBILIER. — TABLEAUX ET SCULPTURES.

Revenons à la description générale du château,
tel qu'il était à la fin du XVIIIe siècle. D'abord
une cour isolée de la rue par une grille, allait
d'un pavillon à l'autre et était séparée de la cour
d'honneur par un fossé sec, large et profond de
6ᵐ50, que franchissait une arche en pierre subs-
tituée au pont tournant. Dans ce fossé s'ouvraient,
comme du côté de la rivière, des baies éclairant
les souterrains. C'est dans cette avant-cour que
se trouvaient les six pièces de canon données au
prince par le roi en souvenir de sa brillante conduite à la bataille de Coni en 1744. L'avant-cour
mesurait 44ᵐ50 de la grille au pont tournant, et
58ᵐ50 d'un parapet à l'autre; la grille entre les
deux pavillons était longue de 40 mètres. Les
deux pavillons présentaient 7ᵐ75 de façade chacun.
La cour publique ou place du château, composée
de la rue et d'une partie de l'emplacement du

Prieuré, démoli en 1710, avait 68 mètres de la grille de l'avant-cour à la grille du parc.

A la fin du xviiie siècle, l'île du Prieuré avait une longueur totale de 535 mètres. Elle a été rallongée d'une trentaine de mètres à chaque extrémité en 1905. La longueur de l'île sœur, dite de la Cohue, était de 136 mètres sur 82 mètres dans sa plus grande largeur. Dans la rue qui la traverse, entre le grand pont et le pont du Cabouillet, on voyait deux hôtels particuliers et plusieurs maisons qui furent démolis en 1784, excepté l'habitation du Maître de Pont, située en aval du grand pont.

La cour d'honneur proprement dite, de l'autre côté du fossé sec, avait 85^{m}50 jusqu'à l'avant-bec de la tête de l'île. Au milieu de cette cour, en face du péristyle du château, existait un pont en bois, dit le pont Vert, qui donnait accès à la rive de Parmain et au petit château, aux dépendances, aux jardins et au parc. La culée de ce pont a été démolie en 1905, lors des grands travaux du nouveau barrage. Un passage souterrain voûté sous le pont du moulin, mettait en communication le château et le parc de l'île sans passer sur la route.

Le château dont on voit encore la légère saillie dans le mur de la terrasse face à l'Isle-Adam, mesurait 54^{m}50 de long et 60 pieds de haut, en y comprenant les souterrains. Il était composé,

du côté de la cour d'honneur, d'un péristyle
élevé de quelques marches et soutenu par des
colonnes simples et accouplées. Ce péristyle avait
29 mètres de long sur 3 mètres de profondeur;
il formait terrasse au premier étage avec balustrade. A cette hauteur le corps de logis central
n'avait plus que 9 mètres de profondeur; les ailes
mesuraient 12^{m}80 sur 14^{m}80; leur saillie n'était
que de 0^{m}75 du côté des terrasses donnant sur
l'Oise. L'ensemble comportait trois étages; il y
avait 15 fenêtres par étage et 14 du côté de la
rivière, à cause de l'arbre sculpté dans la hauteur;
trois fenêtres seulement éclairaient les façades
latérales des ailes.

Au premier étage, les ouvertures étaient sur-
montées de petits frontons triangulaires, et des
moulures séparaient les étages. Du côté du midi,
vers le bourg, au ras de l'eau, courait un trottoir
de 2 mètres servant pour la navigation, puis une
terrasse haute de 2 mètres et au-dessus une autre terrasse de la longueur du château élevée de
2^{m}50 sur la première et large de 9^{m}50. Du milieu
de la terrasse la plus basse un large escalier des-
cendait jusqu'au niveau de l'eau. Sur la terrasse
la plus élevée s'ouvraient les souterrains, large-
ment éclairés par des baies en plein cintre de
2 mètres de large et de 2^{m}70 de haut, couronnés
par les consoles et les entablements du balcon,
qui se raccordait aux balustres des terrasses éle-

vées environ de 10 mètres au-dessus du plan d'eau.
Les portes-fenêtres des appartements du rez-de-
chaussée ouvraient sur le balcon, d'où le prince
et ses invités assistaient aux fêtes nautiques et
autres qu'il donnait fréquemment. Dans les souterrains se trouvaient de très grandes pièces
affectées, comme nous l'avons dit, à différents
services. Les murs, construits en belles pierres
bien appareillées, avaient trois pieds six pouces
d'épaisseur. Ces souterrains en plein cintré exis-
tent toujours et s'étendent loin sous les jardins.

Le rez-de-chaussée se composait de sept pièces,
dont deux salles à manger et deux salons avec
entrées sous la colonnade, et aussi des appartements du prince. Toutes ces pièces étaient décorées et meublées dans le style de la fin du
XVIIIe siècle, qui semble avoir voulu marquer
l'apogée du goût français, simple d'ornements et
de lignes légères. Les boiseries étaient claires, de
couleurs tendres, et les étoffes ornées d'une façon
simple et jolie. Les ornements étaient de Lemaire
et de Bastier, avec de nombreux panneaux de Go-
defroy, peintre en miniature. Thibaut, architecte
et peintre — pupille de M. André — qui avait été
à Rome comme pensionnaire du roi et restaura
bon nombre de maisons royales, ainsi que les
palais de La Haye et d'Amsterdam, y avait repro-
duit en peinture de nombreuses perspectives.

Mais on y remarquait surtout les dessins fins

CARTE GÉNÉRALE DE L'ISLE ADAM ET DÉPENDANCES APPARTENANT A S.A.S. MONSEIGNEUR LE PRINCE DE CONTI
500 Toises
Coutumes de Preale
Garenne de Villier Adam
Bois de Cassant
Ab. du Val
Store
Rivière d'
Isle Adam
Parnam
Guill. De la Haye Sculpsit
R.F.

et spirituels d'Olivier-Michel Barthélemy, peintre du prince, et les peintures du même : *Le Thé à l'anglaise au Temple* (1) ; *La Fête des Bois de Cassan*, donnée au duc de Brunswick en 1766 ; *L'Hallali devant le Château*, et de nombreux portraits du brillant gentilhomme dans différentes attitudes. Cependant les biographes assurent que le prince ne posa pour personne et que les tableaux et les gravures où il figure ont été faits de chic. Dans *La Fête des bois de Cassan*, il est en habit jaune et offre un plat à une dame ; dans *L'Hallali*, le prince est sur le balcon du château encore en habit jaune. On a connu un tableau allégorique de de Lorge : *La Mort du prince de Conti*, probablement détruit pendant la Révolution.

Ce qu'on ne sait peut-être pas, c'est que le prince était grand amateur d'objets d'art et de tableaux. Il possédait dans son hôtel du Temple une superbe collection de maîtres italiens, flamands, espagnols et français, qui, à la suite de complications, fut vendue à vil prix après sa mort et fit cependant 107,000 livres.

---

(1) *Le Thé à l'anglaise* représente le salon des quatre glaces au Temple, avec toute la cour du prince en 1766. Ce salon est orné de grandes glaces et de dessus de portes où sont peints des portraits de femmes. Mozart enfant joue du clavecin, et Jelyotte, de l'Opéra, chante.

Dans les salons on voyait les sculptures de Moite et de Meraud, notamment de ce dernier un fort beau buste du prince, signé et daté de 1777, qui a passé en vente en 1904 et a été adjugé à M. Ducrey pour la somme de 17,600 francs.

Le grand escalier à noyau en pierre, orné d'une magnifique rampe en fer forgé, ne dépassait pas le premier étage.

CHAPITRE VI

ASPECT EXTÉRIEUR. — SITUATION. — LE PARC. — LES
EAUX. — LA FORÊT.

Vu de la rive de Parmain, le château apparaissait majestueux, avec, en face, la perspective des écuries, le bourg à droite, le hameau de Nogent au fond, et la forêt où l'on découvrait dans la verdure des bois le village de Nerville. Quand on le voyait des écuries, il se présentait, se reflétant dans l'Oise, entouré de ses terrasses, et dominé par le verdoyant coteau de Parmain, au pied duquel se trouvait le petit château précédé de balustrades et de charmilles taillées en voûtes. A gauche s'étendaient les jardins, à droite le grand parc.

La situation du château de l'Isle-Adam était exceptionnelle : placé dans une île très élevée, il dominait l'Oise et les plaines voisines.

Au nord la vue s'étendait sur le parc, qui escaladait gracieusement le coteau vers Jouy-le-Comte. Ce parc de quatre-vingts arpents était percé de belles allées, où étaient ménagés avec art des points de vue sur la rivière, sur toute la vallée vers Beaumont, et sur les forêts de Carnelle et de l'Isle-Adam. Comme l'ile il fut vendu à l'époque de la Révolution et mis en culture : il est aujourd'hui morcelé et se couvre de villas.

Du château on se rendait à la forêt par une avenue de 20 mètres de large et plantée vers 1657 de marronniers. Cette avenue offrait du château une superbe perspective jusqu'au haut de la côte, à deux kilomètres ; elle a été abattue en novembre 1893. Beaucoup d'arbres avaient été renversés par le vent et offraient de sérieux dangers par leur vieillesse ; ils étaient énormes et certains avaient jusqu'à 3^m50 de tour. On a replanté également en marronniers, quelques années après l'abatage ; la partie basse allant de l'église à la rivière, a été plantée en tilleuls en 1837.

Le château était très anciennement pourvu d'eau par des aqueducs et des conduites, dont certaines étaient composées de deux dalles entaillées en demi-cylindre posées l'une sur l'autre et soigneusement jointoyées, et par des tuyaux. C'est ce système qui alimentait la fontaine du Prieuré depuis le xie siècle.

Comme on le voit, la situation était délicieuse, bien qu'elle ne fût point imposante comme celles de Meudon ou de Saint-Germain. Cependant ces coteaux qui s'inclinent doucement, le cours calme et gracieux de l'Oise avec ses bateaux, ses radeaux pittoresques, sont fort attirants.

La forêt est percée de nombreux chemins. Un architecte prévoyant y avait construit des pavillons de chasse, aménagé des ronds-points et édifié sur la hauteur de Nerville une tour de trois étages, qui permettait de suivre de l'œil les chasses dans toutes les directions. Toutes ces attractions faisaient de l'Isle-Adam un séjour sans égal.

Pour la chasse la forêt était aussi parfaitement aménagée : il y avait des enceintes pour réserver le gros gibier, des étangs, etc. Le prince l'avait entourée de murs et fait poser des grilles, construire des maisons de gardes. D'une contenance de 1,635 hectares, elle était séparée en deux par des barrières anglaises. Tous ces travaux avaient coûté la jolie somme de 350,000 livres.

CHAPITRE VII

La vie au chateau pendant le XVIIIe siècle. —
Uranistes et Jobelins. — Caractère du Père
Prince. — Portrait moral. — Vie journalière
du seigneur. — Les soirées. — Les théatres. —
Mort du Prince. — Vente du chateau. — Les
Arquebusiers. — Le chateau depuis la Révolu-
tion. — Le domaine actuel.

Mais ce fut surtout pendant la vie de l'avant-
dernier prince, Louis-François de Bourbon, prince
de Conti, que l'Isle-Adam brilla de tout son éclat.
Ce prince entra en possession du domaine en
1727. Le xviiie siècle venait de commencer avec
ses mœurs relâchées, son esprit léger et badin.
Le brillant seigneur voulut que son château fût
un lieu d'enchantement, hanté par les ris et les
amours. Après de nombreux succès à la guerre,
il se plaisait à recevoir ses anciens compagnons
d'armes, et surtout un grand nombre de gens
d'esprit et de jolies femmes.

Il était du reste de tradition dans cette famille
d'aimer les belles-lettres. On sait que le prince
Armand avait été mêlé à la célèbre querelle litté-

raire de la fin de l'autre siècle entre Benserade et Voiture, qui passionna la cour et la ville. La France était alors partagée entre Uranistes et Jobelins. Les Jobelins tenaient pour Benserade, auteur du sonnet à Job, et les Uranistes pour Voiture, qui avait rimé le sonnet à Uranie. Le prince était à la tête des Jobelins, Mme de Longueville, sa sœur, à la tête des Uranistes, et ce fut une guerre terrible… à coups d'épingles.

Le prince Louis-François, appelé souvent le *Père Prince*, était très indépendant et quelque peu sceptique. On connaît sa réponse à l'abbé Prévost, l'auteur du célèbre roman *Manon Lescaut*, qui sollicitait de devenir son aumônier : « Mais c'est que je n'entends jamais la messe », objecta le prince. — « Et moi, je ne la dis jamais, Monseigneur », répliqua l'abbé.

Le prince rendait ses invités aussi libres que possible ; la gaîté et l'esprit étaient seuls à l'ordre du jour de cette résidence de l'Isle-Adam. Aussi les invitations étaient-elles fort recherchées. En outre, le prince était très généreux, surtout vis-à-vis des femmes dont il affectionnait la compagnie.

Ce grand seigneur avait de la distinction, de l'esprit, une grande facilité d'élocution, et passait pour un habile politique. Lors de l'exil du Parlement à Pontoise, en 1753, ce fut lui que le roi chargea d'obtenir un semblant de soumission de cette haute assemblée. Venu exprès habiter son château de Vauréal, le prince ne réussit pas, malgré son adresse, et retourna à l'Isle-Adam.

La vie de ce royal seigneur était ainsi occupée : s'il n'allait pas à la chasse ou n'était pas absorbé par des réceptions, il passait sa journée dans l'appartement de Mme de Boufflers avec la maréchale de Luxembourg, dont la langue redoutée de la cour lui plaisait beaucoup, et Mme d'Arty. Cette dernière, amie de Mme d'Epinay, habitait le château de Stors, à deux kilomètres de l'Isle-Adam.

Chaque invité avait une voiture et des chevaux à ses ordres et pouvait donner tous les jours à dîner chez lui à sa société particulière, le prince n'exigeant la présence de ses amis qu'à la réception du soir. M. Chauvelin, malgré son hôtel à Paris, et M. Pont de Veyle étaient à demeure au château. Ils composaient et chantaient chaque jour des impromptus et des couplets pleins de finesse et d'à propos. Ce genre de distractions était alors fort à la mode, et les pièces que nous connaissons des deux amis du prince sont des modèles du genre.

Il y avait au château un théâtre où l'on jouait la comédie au moins une fois par semaine. On y vit les personnages les plus célèbres y remplir des rôles, notamment Mme de Genlis qui y remporta de nombreux succès. Il y avait encore un théâtre dans l'île de la Cohue pour les habitants et le monde du château ; il fut démoli en 1777.

Le *Père Prince* succomba à la suite de toutes sortes d'excès en août 1777, dans son hôtel du Temple. Il avait fait faire son cercueil et il l'essayait en plaisantant. Son fils, Louis-François-Joseph de Bourbon, comte de la Marche, prince de Conti, sixième et dernier du nom, lui succéda. Pour liquider les dettes immenses de son père, qui achetait toujours et ne payait jamais, il vendit en 1783 ses domaines très nombreux, et celui de l'Isle-Adam qu'il venait de si admirablement organiser, à Monsieur, frère du roi, et le lendemain au roi Louis XVI lui-même, pour onze millions, en se réservant l'usufruit de toutes les dépendances et les chasses du domaine de l'Isle-Adam.

n 1778, le prince de Conti rétablit la compagnie des Arquebusiers, dont les exercices étaient interrompus depuis 43 ans. Le costume de ce corps, depuis 1576 où il avait obtenu des lettres patentes, était l'écharpe et la livrée vert de mer, 'habit de satin gris pour le capitaine et de taffetas rouge pour le porte-étendard. Sa bannière représentait un Saint-Louis tenant le sceptre et la main de justice. Comme milice reconnue elle avait le privilège pour le chevalier vainqueur du *papegeai* (perroquet), de ne point payer d'impôts pendant l'année. Elle était gardienne des portes de la ville de Pontoise et faisait des rondes de nuit.

Donc, en 1778, elle abandonna son ancien costume pour l'habit rouge à la poulaine, avec revers et parements bleu céleste bordés d'un galon d'argent, le collet de velours noir, la veste, la culotte et les guêtres blanches, chapeau empanaché de blanc. Cette société donnait des fêtes et des joutes brillantes.

En 1790, le prince prêta serment de civisme et fut néanmoins enfermé à Marseille. Remis en liberté, il quitta la France par ordre du Directoire et se retira à Barcelone, où il mourut en 1814. Avec lui finit la branche des Bourbon-Conti.

Il avait fait élever par Mérard, sculpteur de talent, le tombeau de son père que l'on voit dans l'église de l'Isle-Adam.

Le château, avec ses dépendances, écuries et autres, fut vendu le 4 floréal an VI à M. Hayer, qui rétrocéda bientôt son achat au sieur Brousse. Les bâtiments furent démolis pour tirer parti des matériaux, le parc et l'île mis en culture.

En 1812, on voit un sieur Galwey plaider avec la commune, parce qu'il voulait enlever les conduites d'eau qui alimentent encore les fontaines et les propriétés près de la Mairie.

Plus tard, l'île du Prieuré fut acquise par la famille Ducamp, qui y demeura longtemps dans

LE CHATEAU DU PRIEURÉ (ÉTAT ACTUEL)   *Frémont, édit., Beaumont*

une maison fort simple, en amont du grand pont
et du pavillon.

En 1857, M. Ducamp fit construire, presque à
la même place que l'ancien château, mais au
milieu de l'île, et la face orientée nord-est sud-ouest,
comme étaient les anciennes ailes, une élégante
habitation dans le style Louis XIII. Cette maison
s'élève au milieu d'arbres magnifiques et de
pelouses dessinées à l'anglaise, le tout entouré
des anciennes balustrades remises en état. Le
parc, de l'autre côté de la route, est couvert de
grands arbres au milieu desquels une percée dans
toute la longueur de l'île ménage une vue charmante sur l'Oise.

Pour faciliter la navigation, le vieux pont du
Moulin, si curieux, a été démoli en 1905, et maintenant la rivière est enfermée dans des parapets
que domine un pont à arc, en fer. Par suite de ces
changements, ce côté a beaucoup perdu de son
charme, mais ce qui reste de ce bras de l'Oise
est encore une merveille, où l'eau coule sous des
ombrages verdoyants dans lesquels sifflent les
merles et roucoulent les ramiers.

On peut dire que le château du Prieuré, qui
appartient à M. Pain, un diplomate, est un des
plus jolis domaines des environs de Paris, une
merveilleuse oasis de verdure et de fraîcheur.

LES ÉCURIES

construites vis-à-vis du Château

(1777-1780)

La description du domaine de l'Isle-Adam serait incomplète si nous n'y joignions celle des immenses et luxueuses écuries que fit édifier le dernier des Conti. Comme cette description est technique, nous donnons la parole à M. André, architecte du prince, qui nous a laissé des notes sur cette construction :

Les vieilles écuries, tant par la vétusté des bâtiments que par le défaut de place, m'ayant engagé à conseiller au prince d'en construire de nouvelles, il y consentit en m'indiquant qu'il voulait qu'elles fussent placées sur la route de Paris, aux Maisons Neuves, dans le terrain de la Grange Bergeret. Lui ayant fait observer que, suivant mon plan, elles seraient bien mieux entre les trois routes formant la patte d'oie, après l'avis de quelques uns de ses amis, mon projet fut accepté.

J'avais fait valoir que par la perspective qu'elles présenteraient, vis-à-vis du château, elles feraient honneur à la dépense et ne coûteraient pas plus cher qu'ailleurs (environ 5 à 600,000 livres). Le prince y consentit en diminuant la dépense. Alors M. Beaujon, qui était présent, lui dit : « Permettez-moi d'en faire les avances jusqu'à 600,000 livres, que vous me rembourserez à votre volonté et sans intérêt ». Le prince le remercia, lui disant qu'il ne voulait point emprunter pour faire des écuries.

Arrêté du Prince

« J'approuve les plans et élévations des écuries
» qu'a faits M. André, mon architecte, pour être
» construites en face mon château de l'Isle-Adam,
» de l'autre côté de la rivière, entre les trois routes.

» Paris, le 2 janvier 1777.

» L.-F.-J. de Bourbon ».

Il fallait commencer au mois d'avril de la même année, préparer les fouilles, régler les nivellements et se pourvoir de matériaux.

DES MATÉRIAUX

Pierre dure et tendre, moellon, brique, chaux, sable, ciment, bois de charpente, tuile et ardoise.

On ne connaissait alors en pierre dure, à l'Isle-Adam, que le petit banc de Nogent et du gros grain de la carrière du Vivray, de mauvaise qualité, la carrière de l'Abbaye du Val, pierre fine de très belle qualité entre le dur et le tendre, mais fraîche tirée, sujette à la gelée, la carrière de pierre dure de Ganetin, la pierre tendre de Saint-Leu d'Esserent.

Les carrières ci dessus n'étaient pas suffisantes pour des travaux aussi considérables. Je fis percer plusieurs carrières dans la basse forêt : au Pavillon de Paris, au Larry, où je trouvai un banc de 2 pieds à 2 pieds 1/2 d'appareil, de pierre dure de bonne qualité à grain gris. Je fis ouvrir une bouche de carrière de pierre tendre dans la côte de Parmain où on forma six rues, dans celle du milieu, à 50 toises de profondeur et 15 pieds de large. Pendant le cours des travaux, on a tiré de cette carrière 8,370 blocs ou 159,000 pieds cubes de pierre de très bonne qualité, fine, blanche, préférable à la Saint-Leu, à cause de ses veines rouges et jaunes.

La brique se tire des tuileries de Chambly, mais n'ayant pu fournir la quantité suffisante, j'en ai tiré 100,000 de Compiègne.

Pour la chaux vive, il fallait aller très loin pour en avoir : celle de Senlis est de bonne qualité, mais trop éloignée ; celle de Méru, de mauvaise qualité, est encore éloignée de plus de 3 lieues.

Pour m'en procurer je fis faire des fouilles dans les bois de la Rivalaise, près des coutumes de Montsoult, où, ayant trouvé des pierres de bonne qualité, je fis établir deux fours à chaux qui me donnèrent des produits de très bonne qualité (on en voit encore les ruines). Le plâtre, est commun dans le pays ; on en tire des carrières de Montsoult, des Bonshommes et de la forêt de Carnelle. Le pavé en gris est commun dans la forêt.

Pour la charpente, on trouve des bois ordinaires dans le pays, mais il n'en est pas de même des bois de qualité. M. le prince de Conti, avec la permission du roi, fit prendre dans la forêt de Compiègne 60 poutres de 30 à 36 pieds et de 16 à 18 pouces d'équarrissage.

L'ardoise se tire des carrières de Charleville, de belle qualité, mais cassante.

Les fondations des écuries neuves de l'Isle-Adam ont été commencées en mai 1777, et leur construction a été terminée en 1780.

Dimension et superficie des écuries neuves :

Du grand balcon du château, jusqu'à la grande grille des écuries, sur la route de Beaumont, 113 toises de distance, comprises la rivière et l'esplanade. La dite grille a 50 toises de long de la route de Paris (avenue actuelle) à celle de la Faisanderie ; et de cette grille à celle des cours à fumier 112 toises, prises dans le milieu ; et la longueur des cours à fumier, d'une route à l'autre, 123 toises de long.

La superficie totale est de 12 arpents, dont 6 pour la grande cour d'entrée ; le surplus pour les bâtiments et trois cours.

Dimension des pavillons et des parties circulaires des deux gros pavillons de face :

Chacun 10 toises 3 pieds sur 5 toises 6 pouces de retour, ornés de 3 arcades, chacune de 9 pieds 5 pouces de large sur 19 pieds de haut, compris entresol. Du dessous de la clef sur l'appui des croisées du 1er étage, 4 pieds 9 pouces de hauteur ; des baies des croisées, 4 pieds 10 pouces sur 5 pieds de large et 20 pouces jusque sous l'astragale, et de hauteur de l'entablement, 3 pieds 2 pouces et 18 pouces de hauteur de socle ; la hauteur du pavé sur l'entablement est de 33 pieds 6 pouces.

Dimension des parties circulaires entre les gros pavillons, 69 toises ; retour des dits pavillons de 5 toises 6 pouces ; chaque partie circulaire de 24 toises de longueur de rayon du centre au pavillon d'entre les écuries, lesquels ont 6 toises de face et 6 toises 4 pouces de retour. Sur la façade d'entrée chaque partie circulaire est composée de 13 arcades, chacune de 9 pieds 5 pouces, sur 19 pieds de haut, les trumeaux ont 6 pieds de large.

Dimension des écuries à l'extérieur : L'avenue entre les écuries a 14 toises de large ; chaque écurie, du côté des cours à fumier, a 50 toises 4 pieds de long de hors œuvre, sur 38 pieds 8 pouces aussi de hors-œuvre.

Dimension de chaque écurie dans œuvre : Le premier porche à l'autre a 10 pieds dans œuvre ; celui de la partie biaise a 7 pieds pris au milieu, et l'écurie entre les deux porches a 45 toises de long ; largeur entre les deux murs de face, 34 pieds 2 pouces ; entre les colonnes, 28 pieds de large sur 28 pieds 6 pouces de hauteur, pris du dessus du pavé sous la grande voûte. Chaque écurie est divisée par 18 colonnes de chaque côté, comprises celles d'angle, et 17 arcades plein ceintre formant lunette dans la grande voûte ; chaque travée du milieu, d'une colonne à l'autre, est de 15 pieds 3 pouces de large ; chaque colonne a 18 pieds de haut, compris socle, base et chapiteau ; 2 pieds 4 pouces de diamètre, engagés de moitié de leur épaisseur, 4 pouces de chaque côté. Les trumeaux, au droit des colonnes, ont 5 pieds de parpaing sur 3 pieds d'épaisseur, compris colonne et champ ; 3 pieds et demi de renfoncement du devant des colonnes au nu des murs de face intérieure, lesquels ont 18 pouces de parpaing sur les socles.

Des deux porches sont pratiqués des escaliers qui conduisent aux tribunes et sous les toits combles. Sous les croisées des parties biaises, sont des fontaines d'eau vive, très bonne et limpide, qui coulent jour et nuit en abondance ; elles se déchargent dans des auges en forme de vases, pour abreuver les chevaux.

LE CHATEAU ET LES ÉCURIES VUS DE PARMAIN

Chaque écurie garnie de stalles, poteaux, mangeoires et rateliers à l'anglaise, contient 100 chevaux. Plusieurs autres petites écuries servent pour une infirmerie de 25 chevaux ; ensemble 225 chevaux.

Au rez-de-chaussée : 24 remises, 3 garde-meubles pour les housses, les selles, les bottes ; l'arsenal des fusils, une forge avec logements pour le maréchal et l'éperonnier.

A l'entresol et au premier étage, des logements avec cheminées ; autres logements pour 4 piqueurs et 4 sous-piqueurs. Logements pour l'armurier, le fourrier, 8 cochers, 8 postillons et 25 palefreniers. Greniers à avoine, foin et paille pour 9 mois de consommation.

MODE DE CONSTRUCTION

Les fondations des murs de face, dans l'eau, sans pilotis ni plates-formes, mais assis à sec à 9 pieds de bas, sur un sol de sable et gravier avec des libages en pierre dure à la voie de mortier de chaux vive et sable. Les piles au droit des colonnes de 6 pieds de parpaing sur 4 pieds de large, le surplus des murs entre les dites piles de 30 pouces de parpaing aussi de pierre dure depuis le sol des fondations jusqu'à l'empâtement, les sols du pourtour de tous les bâtiments en pierre dure de 3 pieds de haut. Le surplus des faces, entablements, frontons, est construit en pierre tendre des carrières de Parmain, les cimaises sur les entablements sont en pierre dure, le surplus en pierre tendre, les arcades, les lunettes, les arrestiers, les grandes voûtes sont en pierre tendre; le surplus des voûtes est en briques et plâtre.

Les poutres sont refendues en deux, de 18 à 19 pouces, de 34 pieds de long, les arbalestriers de 22 pieds de long sur 8 à 16 pouces ; la moise double de 12 pieds de 6 à 12 pouces ; les entrais, poinçons, pannes, faîtages, plates-formes, chevrons en chêne, le tout couvert en ardoise, les chéneaux, tuyaux, descentes, faîtages, noue, arrestiers sont en plomb

dans les écuries, jusque au-dessus des maisons
neuves. La jonction des aqueducs est en fer de
3 à 4 pouces de diamètre. Toutes les chaussées, les
revers. cours de remises, remises, écuries sont
pavés en grès.

Il est construit en aqueduc depuis la cour à fumier jusqu'à la rivière. de 144 toises de long de
5 pieds 3 pouces de haut sur 3 pieds de large, un
caniveau de pierre dure, les regards et le surplus
en moellons piqués avec barbacane. Les constructions étant faites dans un terrain fangeux, au milieu de mares et de sources, il était nécessaire,
pour le rendre salubre, de conduire toutes les eaux
à la rivière.

Comme on le voit par ces détails un peu ari-
des, mais nécessaires pour faire voir l'importance
de ces écuries, cette construction était colossale.
Elle montre que la splendeur de Chantilly tra-
cassait le prince et lui fit faire des dépenses bien
inutiles au moment où la misère était grande en
France. Tout cela a été démoli par la bande
noire, il n'en reste plus que la fontaine qui se
trouve dans l'avenue des Ecuries.

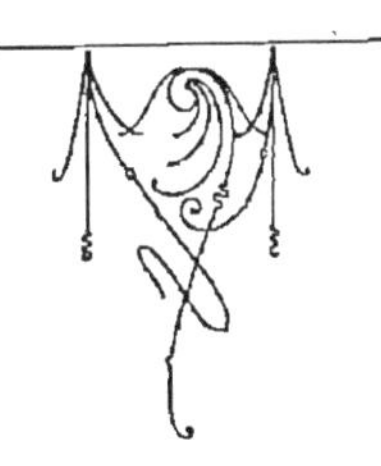

LE CHATEAU DE STORS

Notes étymologiques, descriptives
et historiques

Vers l'an 1093, les terres de cet endroit étaient partagées en sept parts, sept lots, en latin : *septem sortes*, les « sept sorts », et populairement *stors*.

Il y a également en Angleterre une ville appelée *Stors*.

Stors, hameau d'une cinquantaine d'habitants, sur un coteau qui domine l'Oise, rive gauche et face au nord-ouest, dépend de l'Isle-Adam, dont il est éloigné de deux kilomètres de l'église.

La localité possède un beau château, entouré d'un vaste et magnifique parc, qui a été construit au commencement du xviie siècle sur les plans de Mansard, par ordre du marquis de Verderonne.

Le dit marquis avait succédé à la famille de Laubespine, dont il était proche parent. Quand il venait rendre visite, à l'Isle-Adam, au prince de Conti, son suzerain, il ne manquait jamais d'atteler six chevaux blancs à son carrosse. Et le prince de dire : « Voici le marquis qui nous arrive avec ses six blancs ! »

Le château qui, comme le village, fait face au nord-ouest, s'élève à environ cent mètres de la rivière, dont il est séparé par une terrasse plantée de tilleuls plusieurs fois séculaires et par la route départementale.

C'est un corps de bâtiment important, composé de deux étages, dont un dans le toit dit à la Mansard. Un fronton rond avec les armes occupe le centre, au-dessus d'un joli perron à révolution qui donne accès aux salons. En bas sont installés les différents services.

La façade, du côté des jardins, est composée d'un corps en retraite encadré de deux ailes peu saillantes, avec des perrons de quelques marches au milieu et aux angles.

L'intérieur contient, à la suite les unes des autres, de belles pièces où l'on remarque des objets d'arts, de nombreux tableaux, dont plusieurs très importants de Baudry et de Jules Dupré, des tapisseries des Gobelins représentant les

batailles d'Alexandre, d'après Lebrun, et de nombreux souvenirs offerts par le tsar à M. de Montebello, dont il était parrain du petit-fils.

Le parc est planté de très beaux arbres qui se mirent dans des eaux transparentes. Il a été considérablement agrandi par Mme Chevreux-Aubertot, qui y a ajouté l'étang Perrot, grand terrain marécageux s'étendant jusqu'à l'abbaye du Val et percé de rivières.

Cette partie est bordée à l'est par d'anciennes carrières très importantes, dites de l'abbaye du Val, d'où sont sorties les pierres qui ont servi à édifier de nombreux monuments, notamment la Bourse de Paris et le théâtre de la Monnaie de Bruxelles. Ces carrières ont cessé d'être exploitées dans le premier quart du XIXe siècle.

On voit dans le parc, près du château, des terrasses élevées d'où l'on jouit d'un vaste panorama sur les vallées de l'Oise et du Sausseron, petite rivière qui arrose Valmondois, se jette dans l'Oise sur la rive droite vis-à-vis de Stors, et qui servait de limite du Vexin au IIIe siècle.

Le prince de Conti acquit ce domaine de M. de Verderonne, en 1746. Mme d'Arty, maîtresse favorite du prince, habita dès lors le château. Le prince et sa maîtresse faisaient, paraît-il, un singulier ménage ; se brouillant, se raccommodant, se brouillant encore, ils allaient jusqu'à se battre.

C'est surtout à la suite de ces crises que Mme d'Arty se retirait à Stors. A sa mort, survenue à Paris en mars 1765, on trouva dans son testament un don pour les pauvres de Stors et la reconnaissance d'une dette de 1,700 livres au concierge du château.

Mme d'Arty ne mourut donc point à Stors, et la légende sur la violation de sa sépulture par un domestique qui l'aurait trouvée vivante, est erronée. Cette aventure doit s'appliquer plutôt à Madeleine de Laubespine, fille de Gilles de Laubespine, seigneur de Verderonni, veuve de René du Val, seigneur de Stors.

Ce fut Mme de Boufflers qui succéda à Madame d'Arty dans les bonnes grâces du prince.

Il y eut trois Boufflers. Celle-ci est la comtesse célèbre par les agréments de sa figure, mais encore plus par son esprit et par ses connaissances. Elle brilla à la cour du Temple, résidence du prince, en sa qualité de Grand Prieur de France. Notez qu'elle peut être nommée aussi justement marquise de Boufflers, puisque son mari, le comte de Boufflers-Rouvenel, fut marquis à la mort de son père.

Le château de Stors vit toutes les illustrations du temps ; les princes du sang et les femmes célèbres venaient s'y amuser ; Mme de Genlis y joua la comédie, et J-J. Rousseau y fut accueilli.

M. Ardant, devenu plus tard maître des requê-

PAVILLON DU TOURNE-BRIDE A STORS — *Malcuit, phot., Paris*

tes au Conseil d'Etat, acheta le château l'an vi de la République, en 1797. Mme Kapeler, sa fille, femme d'un médecin célèbre, lui succéda. Puis tour à tour les propriétaires furent : Kellermann, duc de Valmy, qui y reçut M. le comte de Falloux, ministre, et Mgr Dupanloup, évêque d'Orléans, etc., et après le duc de Valmy, M. Chevreux-Aubertot.

Pendant la crise du 16 Mai, M. Thiers y vint faire une conférence politique qui eut un grand retentissement. Elle servit de programme au groupe des 363 qui affirma la République.

M. Thiers s'était rendu à Stors sur l'invitation de M. Léon Say, qui habitait alors un pavillon dans le parc, près de la chapelle. M. Léon Say était le neveu de Mme Chevreux, sœur de M. Horace Say.

Après Mme Chevreux, le château revint à M. le comte Gustave de Montebello, qui avait épousé la petite-fille de Mme Chevreux. Il y recevait des hommes de guerre, des marins, des artistes et des savants, avec lesquels sa haute situation d'ambassadeur en Russie le mettait en relations.

Le parc du château de Stors est arrosé par le ru du Val, qui vient du bas de la côte de Villiers-Adam. Ce ru faisait autrefois tourner trois moulins, qui appartenaient aux Feuillants de l'abbaye du Val. Le plus élevé faisait partie de l'abbaye même, qui devint la propriété du maréchal

Régnault de Saint-Jean-d'Angely, en 1806 ; il était situé à l'angle sud-est du parc ; cette jolie construction du xve siècle, avait été acquise au commencement du xixe siècle par le sieur Perrot, meunier ; de là le nom donné au marais qui précède le moulin. Le second, en aval, à environ 300 mètres du précédent, était à l'angle sud-ouest du parc et à une centaine de mètres de la chute du ru dans l'Oise. Tous ces moulins sont depuis longtemps désaffectés ; le dernier a cessé de moudre vers 1860.

Le chemin qui longe le ruisseau portait le nom de Chemin du Port, parce qu'il aboutit à la rivière. Il servait au transport des marchandises, et il a été utilisé pour le passage des pierres extraites des carrières et transportées par eau. Il se continuait à travers la forêt jusqu'à Baillet.

Le moulin d'en haut, dit moulin Perrot, gracieuse construction, a été restauré par Mme Chevreux. Il est établi sur le cours du ruisseau du Vieux-Moutier. On admire ses jolis combles percés de lucarnes, sa façade éclairée de fenêtres à meneaux, décorée de linteaux, de pendentifs et de sculptures d'une grande finesse. On a construit vers 1910 un bâtiment dans le même style à 20 mètres du premier.

En 1909, d'après une entente avec la commune de Mériel, la route a été reculée et un jardin anglais précède l'habitation.

ANCIEN MOULIN D'EN-HAUT (AU MARQUIS DE MONTEBELLO)

Cliché Frémont, édit.,
Beaumont

C'est Mme la comtesse de Montebello, belle-fille de M. le marquis Gustave de Montebello, qui l'habite avec ses enfants. Son mari a été foudroyé le 24 juillet 1912 en revenant de la gare de Mériel; il était âgé de 38 ans. Une croix en pierre a été érigée à l'endroit même de l'accident.

Il y avait autrefois un bateau de passage de l'Oise à Stors, et un cabaret dans la tourelle angle nord du parc, nommé le Tourne-Bride.

Relativement au passage de l'Oise, voici ce que l'on trouve dans le livre de Raison de l'abbaye de Saint-Martin de Pontoise : « L'an 1338, au » mois d'avril, le jour de la feste Saint-Georges, » entre nous : abbé de Saint-Martin et Mme d'Ivry » (Guillemette de Luzarches, dame de l'Isle-» Adam) ou son procureur, fut trouvé qu'il y » avait à la bouette XIV deniers, pour desquiers » nous eûmes la moitié et Adam, le barbier de » l'Isle, au nom de la dite dame de l'Isle-Adam, » l'autre moitié. Présents à ceu don : Thibault » de Chelle, notre moine, et Hubert de Froville, » son valet, la femme Quoquillet de Stors, et le » dit Adam de l'Isle, sergent de la dite dame ».

En 1342, on trouve 36 deniers dans la boîte.

Un certain nombre d'objets en silex et en bronze ont été trouvés en haut du parc, ainsi que des médailles, ce qui fait supposer qu'il y avait à Stors une station gallo-romaine.

Du temps du prince, un chemin bordé de haies allait des Pâtis de l'Isle-Adam au château de Stors, en traversant les terres qui bordent l'Oise, alors plantées de bouquets d'arbres pour l'agrément et le refuge du gibier. Plusieurs routes de la basse forêt, dite « petite remise », se raccordaient sur cette route. Un grand rond-point existait à la première grille du château, où se joignent aujourd'hui la route départementale et le chemin de halage (grille du parc de Rancy).

La route d'en haut allait de Nogent à la chapelle de Stors. La propriété, dite « Nouveau Château », sur ce chemin, appartenait à M. Hadancourt, personnage qui figure dans la municipalité de l'Isle-Adam à l'époque de la Révolution. Cette propriété a été augmentée de plusieurs maisons et terrains qui l'entouraient et de la partie basse, où passait une avenue qui allait à la grille audessous de la chapelle. Une partie du village bordait un chemin qu'a remplacé la grande route.

La croix que l'on voit sur le chemin d'en haut à la jonction de la route de la forêt, porte le nom de croix Lamain.

Au XIIIe siècle, la paroisse de Méry s'étendait en un long ruban sur la rive gauche de l'Oise, depuis Nogent-l'Isle-Adam jusqu'à Epluches-Maubuisson. Aussi on trouve l'aveu de seigneurie de Stors rendu au seigneur de Méry par maître Anne de Festard de Beaucourt et Claude-Estienne de

l'Aubespine, chevalier, comte de Verderonne, le
13 de septembre 1706. (On sait que l'aveu est la
reconnaissance d'un vassal qui tient de son seigneur tel ou tel héritage).

Comme nous l'avons dit, le hameau de Stors
est à deux kilomètres de l'Isle-Adam par la rue
Saint-Lazare, qui part de l'église. Au bout du pays
on laisse à gauche le Vivray ou Volelard, parc
intime avec ses sources et ses eaux, son cottage, son ancien moulin, et sa sapinière sur
la côte. A droite, le ruisseau, qui traversait autrefois un étang, s'en va vers l'Oise. Au petit pont
s'ouvre à gauche le vieux chemin de Paris, large
et pittoresque, qui passe au-dessus du village et
du parc de Stors, au moulin Perrot, déjà nommé,
et va à l'église de Mériel.

Du même pont la route départementale se continue à travers une partie de forêt, se bifurque à
gauche pour desservir le hameau, traverse ensuite
des bois marécageux, oblique un peu à droite
pour gagner le bord de l'Oise, où elle se confond
avec le chemin de halage, et vient passer entre
l'Oise et les terrasses du château, longues d'environ 350 mètres ; puis elle gagne Mériel, laissant
à droite le pont du chemin de fer, qui sert également à la route départementale de Méry à Méru,
et que le génie fit sauter le 3 septembre 1914.
C'est sur cette route, vis-à-vis du château, qu'avaient

eu lieu, en septembre 1870, plusieurs escarmouches entre Allemands et francs-tireurs.

Il y avait, avant l'établissement du pont, une île qui a été draguée.

Beaucoup de voyageurs se servent de la gare de Mériel, à un kilomètre de là. D'autres descendent à Valmondois et se font passer la rivière.

Le hameau est charmant : assis gracieusement à mi-côte, avec des eaux de fontaine et un lavoir dans le bas, l'on y jouit d'une vue étendue sur l'Oise, toujours sillonnée de nombreux bateaux, sur les plaines de Parmain, de l'Isle-Adam, les collines de Champagne au nord, et à l'ouest sur les coteaux si pittoresques de Butry, d'Auvers, et la vallée de Valmondois.

C'est la tranquille et douce campagne des rives de l'Oise, où les coteaux couronnés de villas s'inclinent doucement au milieu d'une végétation luxuriante et d'un air pur.

LE CHATEAU DE CASSAN

et le Hameau de Nogent

Notes descriptives et historiques

Le château de Cassan est situé à l'est du hameau de Nogent dépendant de l'Isle-Adam.

Ce village est d'origine très ancienne, probablement gauloise. Il devait être entouré d'eaux, comme l'indique son nom *Novigentum :* tous les « Nogent » sont, en général, placés près des étangs ou des rivières.

Ce lieu est mentionné dans le partage des biens de l'abbaye de Saint-Denis, en 862, comme faisant partie du Chambliois, qui s'étendait sur la rive gauche de l'Oise jusqu'au ru de Stors. Le prieur de Saint-Léonor de Beaumont y avait deux hôtes, dont l'un devait un setier d'avoine, deux chapons et deux pains, et l'autre un setier d'avoine, deux gelines (poules) et deux pains. Tous deux devaient, en outre, douze deniers de cens, qui avaient été donnés au prieur par une dame Alice.

Le village de Nogent a été le noyau primitif de la population de l'Isle-Adam. Son église, dédiée à Saint-Martin, se trouvait en haut de la rue de ce nom, au bout du chemin de la Madeleine ; il en restait une partie qui a été démolie vers 1860. Sa place est aujourd'hui indiquée par une croix en fer. Le dernier curé de Nogent a été Michel Daincourt ; il exerçait encore en 1549, et appartenait à une vieille famille du pays.

Cette église, que l'on dit avoir été précédée d'une autre très ancienne, était entourée d'un vaste cimetière, qui s'étendait jusque dans le parc de Cassan et était borné à l'ouest par le chemin de la Madeleine. En crainte de la profanation des Normands, on s'y faisait enterrer de Saint-Denis et même de Paris.

Le presbytère, situé à droite, en haut de la rue Saint-Martin, avait autour de ses bâtiments un grand terrain clos de murs, avec, dans le bas, joignant la rue du Martray, un lavoir et un étang poissonneux. Les restes de l'ancienne clôture de ce champ se voient encore dans la ruelle dite du « Champ-Crochu ».

On trouve dans certains actes le village de
Nogent désigné sous le nom de *Nogent-le-Tigneux*,
ce qui semblerait indiquer que les habitants
avaient une abondante chevelure.

« Le sire Jacques de Villiers, héritier de la
terre de l'Isle-Adam, acquit, le 2 juin 1470, par
adjudication, sur Charles de Beaumont, la
terre de *Nogent-le-Tigneux* », avec le lieu sei-
gneurial appelé *la Haute-Salle*, un vieux château,
200 arpents de bois et cinquante arpents de pâturages, au lieu dit *les Rotondes*, vers les marais de
Nogent.

En 1701, il y avait 70 feux dans ce village et
291 habitants. L'Isle-Adam n'avait alors que 30
feux et 320 habitants. Il était composé en grande
partie de chaumières basses bordant des sentiers
tortueux, avec des mares de place en place ; la
principale rue était seule à peu près droite.

Vers le milieu du xviiie siècle, un nommé
Pierre-Jacques Bergeret, receveur général des
finances à Montauban, acquit des terrains et fit
bâtir différentes maisons à l'Isle-Adam et à Nogent, notamment une grande propriété place du
Guillery, qu'il vendit au prince de Conti en 1748.
On y voit dans le haut une pièce d'eau rectangulaire, et à l'entrée un pavillon avec un clocheton. C'est dans cette propriété, rue des
Racles, que le prince capta, vers 1778, les
eaux nécessaires à l'alimentation des écuries

monumentales qu'il faisait édifier. Ce sont les mêmes eaux qui coulent avenue de Paris, dans les fontaines proches de la Mairie. Dans la rue du Gué, coulait aussi un ruisseau qui avait la même origine.

M. Bergeret avait deux demeures dans la grande rue de l'Isle-Adam : le grand et le petit hôtel Bergeret ; le premier existe encore au nº 31, le second a été remplacé par des maisons de rapport vis-à-vis de la ruelle des Ecuries. Il possédait, en outre, un grand terrain derrière les écuries, vers l'école de filles, dit la « Grange Bergeret », et à Nogent le parc clos de murs désigné, en 1791, dans la division du terroir de l'Isle-Adam, sous le nom de « Clos de Cassan, au bout de la grande rue et joignant le carrefour Jacquet, planté d'ormes ».

Ce clos ou parc de Cassan touchait à l'ouest au hameau de Nogent ; il était borné au sud par la forêt, à l'est par la plaine des Larris (vieux mot picard qui veut dire *friches)* et par le chemin de la Voie-aux-Vaches, ainsi appelée parce qu'elle conduisait à des pâturages dits « Marais de Nogent », longtemps indivis et contestés avec Prérolles.

De l'autre côté de la Voie-aux-Vaches s'étendaient les bois de Cassan, admirablement aménagés par le prince de Conti, avec une maison forestière construite en 1772.

FÊTE DANS LE BOIS DE   D'APRÈS M. OLIVIER

On y voyait un rond-point, entouré de bornes et de charmilles avec une table en pierre, où aboutissaient 16 routes. C'est à cet endroit que fut donnée une fète superbe au duc de Brunswick en 1766, dont un tableau nous a conservé le souvenir.

Les bois de Cassan possèdent de très beaux arbres, notamment la jumelle dite « Chêne Conti ». Eu 1840, on y voyait encore une autre curiosité, vers le ru du Bois, dans un endroit nommé la « Defonce », à 150 mètres à gauche de la route de Beaumont : c'était la partie centrale d'un ponton, sur laquelle était édifiée une cabine ornée de quelques moulures. Et ce bateau, dénommé par le peuple la « Gondole », était la partie centrale du bac sur lequel avait eu lieu l'entrevue de Tilsit, en 1807. Partagée entre les empereurs, Napoléon donna sa part au maréchal Regnault de Saint-Jean-d'Angely, alors propriétaire de l'abbaye du Val. Lors de la vente de l'abbaye, le nouveau propriétaire fit porter le ponton dans ses bois pour en faire un rendez-vous de chasse. Après toutes sortes d'aventures, cette relique historique fut démolie à Beaumont chez un marchand de charbons, en 1902. Plus heureux que le terrible maître dont il avait abrité la grandeur, le vieux bateau qui avait été témoin du partage de l'Europe, a péri de vieillesse sur le sol français.

M. Bergeret, possesseur d'une très grosse fortune, s'appliqua à embellir son parc qui, un des premiers dessiné à l'anglaise, avait rang après le Petit-Trianon et Ermenonville. On voyait dans une ile, face à la grille de la Voie-aux-Vaches, un bâtiment assez important qu'on appelait le « Château ». Une maison qui avoisinait la grille, dite maison Ollivier, démolie en 1909, servait de dépendance.

Dans la partie du parc joignant la route de Beaumont, s'élevait, sur une terrasse en pierre de taille dite le « Château d'eau », un pavillon chinois très important et fort élégant. On y accédait par deux escaliers carrés à chaque extrémité de la terrasse. Ce pavillon, qui existe toujours, domine un lac qu'alimentent toutes les rivières du parc ; il est entouré de massifs et de grands arbres qui laissent à la vue de lointaines et agréables perspectives. Les eaux tombent en cascades dans un bassin circulaire entouré de piliers soutenant des voûtes en plein cintre ; la lumière se joue sous ces arcades et l'effet est charmant. Ces eaux traversent la route de Beaumont, alimentent un lavoir, puis courent dans la plaine sous le nom de ru du Gué ; elles forment un étang dans la propriété Thoureau et une rivière dans le parc Guernier, et se jettent dans l'Oise dans le chenal de l'écluse.

Le pavillon au-dessus, qui a 10 mètres de

hauteur, est richement décoré ; les colonnes
d'un rouge intense se détachent sur une ver-
rerie à petits carreaux. Les chapiteaux et les
corniches sont jaune d'or, ainsi que les clo-
ches suspendues en dehors de chaque colonne.
Les toits aux cornes relevées montent en diminuant et se terminent par une pointe qui soutient
une boule. Autour de ces toits gracieusement
étagés se jouent une série de chaînettes suppor-
tant de légères clochettes de couleurs variées et
du plus agréable effet. De l'intérieur du pavillon
tout vitré, dallé en losanges de marbre de cou-
leur, décoré aux murs de fleurs bizarres et au
plafond de monstres fantastiques, la vue s'étend
sur les frondaisons du parc, et les oreilles sont
charmées par le murmure des eaux qui tombent
doucement dans le bassin. On aperçoit ce
pavillon de nombreux endroits du parc, où il met
sa note gaie dans le vert des arbres touffus.

Tout à côté, on admire le rond d'Apollon, où
s'élève un obélisque carré vers lequel convergent
douze routes, allusion aux signes du zodiaque.
M. Bergeret, qui recevait des hommes illustres
et des artistes, notamment le peintre Fragonard
et sa famille, s'appliquait à augmenter les agréments de son domaine. On le voit, en 1790, de-
mander à la municipalité à employer, pour faire
des rivières, les eaux perdues de la plaine des
Larris, ainsi qu'une partie du ru du Goulet, qui

prenait alors sa source dans l'étang du Point-de-Vue, en bas des Forgets. Il expose que ce travail asséchera la plaine des Larris couverte d'eaux stagnantes, et que sa prise commencera à quinze mètres du saut de loup qui sert de clôture à la forêt. Il fit à cette époque arranger la Voie-aux-Vaches, sur laquelle on voyait la maison blanche, et creuser sur ce chemin deux abreuvoirs.

On lit dans la délibération du Conseil communal du 5 frimaire 1793 : « Est comparu le citoyen » Bergeret Pierre-Jacques, ci-devant receveur » général des finances de la province de Montauban, lequel a déclaré qu'il vient d'avoir » connaissance d'un décret de la Convention » nationale du jour d'hier, qui ordonne l'arresta- » tion des ci-devant receveurs des finances; » qu'ayant rendu tous ses comptes depuis environ » six mois au bureau de liquidation, il est entiè- » rement quitte des exercices de 1788 à 1790 et » antérieurs par son fondé de pouvoirs; que le » chef de bureau lui a donné décharge générale, » qu'il ne peut être dans le cas de l'arrestation. » Il réclame du Conseil général de la commune » toute assistance, protection et garantie de sa » personne et de ses propriétés.

» Le Conseil donne un avis favorable au sieur » Bergeret, qui habite l'Isle-Adam depuis le » 31 juillet 1792 ».

Le citoyen Couard, administrateur du district

de Pontoise, fait cependant poser les scellés sur les effets du citoyen Bergeret en sa maison de Cassan, et il en est dressé procès-verbal le 8 nivôse an II (28 décembre 1793).

Voici l'acte par lequel il déclare venir habiter l'Isle-Adam : « Le 26 nivôse, an II, le citoyen Bergeret, de la section des Champs-Elysées, déclare venir habiter la commune de l'Isle-Adam ; il fournit un laisser-passer du Comité révolutionnaire. I était alors âgé de 52 ans ; il remet sa carte de sûreté nᵉ 617, qui a été bâtonnée ». Bergeret fut néanmoins arrêté.

Nous manquons de renseignements sur l'histoire du parc de Cassan jusqu'en 1806, où nous trouvons une requête de M. Louis-Hippolyte Charles, propriétaire du domaine, qui demande à supprimer l'ancienne fontaine, dite des « Boisseaux », dans le coude de la rue de la Procession, et de la remplacer par une plus pratique et plus propre, celle-ci n'étant qu'un trou. Il prend alors pour son parc l'excédent des eaux stagnantes ; cette fontaine existe toujours.

Nous avons parlé plus haut de la maison Ollivier, sur la Voie-aux-Vaches. Il y avait dans ce bâtiment une très grande pièce qui a une légende. Elle a été pendant longtemps la demeure d'un singe gigantesque, espèce d'homme des bois, appelé par le peuple « Coco de Cassan » qui faisait toutes sortes de tours et qu'on était souvent obligé d'enfermer. Il se mettait alors dans des colères terribles et brandissait une espèce de poids emmanché d'une longue tige, sorte de massue dont il se servait, paraît-il, pour clore sa porte. Cet objet était encore dans le bâtiment en 1866. A la suite du soi-disant enlèvement d'une bonne d'enfants, ce singe fut donné au Jardin des Plantes, où il mourut bientôt. Il fut empaillé et placé au pied de l'escalier du Muséum, où on le voyait il y a quelques années.

De 1830 à 1866, c'est à M. Recappé, conseiller général de Seine-et-Oise, qu'appartient la propriété. A cette époque, à l'entrée du domaine par Nogent, on voyait à gauche d'importants bâtiments du xviiie siècle, dénommés le « Petit Château », et en face des écuries assez curieuses. C'est M. Béjot qui a fait démolir le tout. Le parc est alors abandonné et devient une forêt vierge ; le petit château est habité par un fermier équarrisseur.

Le château dans l'île, où sont encore une partie des meubles, notamment un beau billard, tombe en ruines ; les vitres sont brisées, tout a été saccagé, l'herbe et les plantes parasites envahissent le perron et les murs.

En 1866, le domaine est acheté par M. Bonin,

ancien entrepreneur de plomberie, qui avait installé le gaz à Paris, sous le préfet Haussmann. Il entreprend de remanier presque entièrement le dessin du parc et de ses eaux ; de très nombreux ouvriers sont employés pendant plusieurs années à ce travail. Beaucoup de beaux arbres sont abattus, des monticules élevés à grands frais sont rasés, et de nombreuses perspectives disparaissent. Il fait réparer le pavillon chinois, le petit château, mettre en état le vaste potager qui est derrière et vider la grande pièce d'eau rectangulaire qui alimente l'arrosage des carrés.

En 1867, M. Bonin fait construire un château qui s'élève en haut du parc, dans la partie sud, vers Nogent. C'est un grand bâtiment orné de tourelles à chaque extrémité, mais la façade au midi est enterrée dans des carrières. Il y construit des grottes qu'il orne de personnages grands comme nature, et qui, dans l'ombre, font trompe-l'œil. Un curé qui lit son bréviaire, est placé vis-à-vis l'entrée du château. Dès le jour de son arrivée, Mme Bonin lui envoie porter une lettre par son groom, qui reste le bras tendu, la casquette à la main, devant la statue, à la grande joie de la dame qui se tord derrière les rideaux.

M. Bonin augmente l'étendue du parc par plusieurs acquisitions et fait construire de vastes dépendances, des écuries, des remises et un pavillon d'attente pour les chevaux de selle qui a été démoli depuis.

Par une singulière coïncidence, c'est le général prussien Bonnin qui occupa le château en 1870.

Après le décès de M. Bonin, la propriété fut un moment habitée par son neveu, et enfin vendue, en 1903, à M. Jacques Béjot, agent de change. Celui-ci fit presque aussitôt de grandes acquisitions de terres et de bois au-dessus de Nogent, où il dessina une nouvelle partie du parc. Après avoir hésité sur l'emplacement à choisir pour la construction du nouveau château, dont le projet avait d'abord été étudié dans les terrains nouvellement acquis, d'où l'on jouit d'une vue très étendue sur la vallée de l'Oise, M. Béjot se décida pour la place qu'occupait à peu près le bâtiment de M. Bonin, démoli en 1905 ; les travaux bientôt commencés durèrent plusieurs années.

Le château est aujourd'hui une construction rectangulaire très importante. Les toits en sont masqués par des attiques à l'italienne ; il a l'aspect de Trianon. L'orientation est nord-sud. La façade nord est précédée d'une longue terrasse à laquelle on accède par un vaste perron. De cette terrasse, semée de fleurs et ornée de statues, on domine les pelouses, les rivières et les futaies du parc, planté d'essences variées. Au-dessus s'étend la forêt de Cassan. A l'ouest et au nord se déroulent les coteaux de Parmain, le v ...e de Jouy-le-Comte et sa vieille église. Plus à droite s'élance le joli clocher de Champagne, sur son coteau semé de constructions élégantes. Puis ce sont, au loin, les plaines de Chambly et de la Picardie.

Malgré de nombreux travaux de nivellement, la façade sud est un peu enterrée. De ce côté, un large perron conduit à une colonnade donnant accès à un vestibule et à un escalier monumental qui monte aux appartements. Au rez-de-chaussée sont les salons et la salle à manger. Du côté de Nogent, une entrée avec barrière anglaise et un élégant pavillon de concierge, conduit aux dépendances et au château. En face de ce pavillon se trouvent le potager fort bien entretenu et les serres.

La principale entrée est sur la route de Beaumont, à la jonction de quatre avenues. Une grille magnifique en fer forgé donne sur une route carrossable qui mène au château, que l'on n'aperçoit point du dehors.

Ce domaine, par son étendue, la beauté du dessin de son parc, l'abondance de ses eaux et l'importance du château, est un des plus beaux des environs de Paris et des plus agréables à habiter.

LES CHATEAUX

DES ENVIRONS DE L'ISLE-ADAM

———◆———

Les Forgets

Le domaine des Forgets est enclavé dans la forêt et distant d'environ deux kilomètres de l'Isle-Adam. On s'y rend en montant l'avenue de Paris, en haut de laquelle on franchit l'ancienne grille de la forêt, où se trouve la maison forestière construite en 1775. On continue tout droit jusqu'au Pavillon de Paris, et on prend à gauche la route Conti qui conduit à la grille du parc, où était autrefois le poteau indicateur des Forgets.

Le nom de cette propriété semble venir de Saint-Forget, tribun de l'empire romain, qui servit longtemps dans nos contrées et qui eut la tête tranchée en 304.

Sous les Romains, il y avait une route venant de Pontoise par Méry qui passait au-dessus du hameau de Stors, traversait la forêt de l'ouest à l'est et rejoignait la grande voie de Beaumont par le hameau de Prérolles. C'est sur cette route, qui coupait à angle droit le chemin des Louveteaux ou de Presles, que se trouvait la plaine des Lances, qui tire sans doute son nom d'une station romaine. Ce terrain, situé au sud des Forgets et attenant au domaine, n'était pas étendu : on le trouve, en 1721, estimé à la contenance de 4 arpents 40 perches ; il appartenait alors à un sieur de l'Isle.

Au commencement du siècle dernier, l'endroit nommé Les Forgets était composé de carrières de pierres à bâtir dans la partie haute. En bas, dans une vallée profonde et étroite, s'étendaient des terrains de la même nature que les marais de Nogent qui y faisaient suite. Ils appartenaient à diverses personnes. Le saut de loup qui clôt la forêt, traversait ces marais et les eaux qui s'écoulaient par le ru du Goulet, y formaient une pièce d'eau dite « Etang du Point-de-Vue ».

Non loin des Forgets, le prince de Conti avait fait construire, vers 1776, au rond-point connu sous le nom de Pavillon de Paris, entre les routes Marton et de Conti, un bâtiment assez impor-

CHATEAU DES BORGETS   Malcuit, phot., Paris

tant, comprenant écuries, remises, chenil, cuisine,
et une grande salle à manger. Ce pavillon fut
démoli à la Révolution, mais jusqu'en 1856 ou
1857, le peuple, pendant l'été, allait le dimanche
danser sur la pelouse de ce rond-point, au centre
de la forêt.

Les carrières des Forgets furent grandement
exploitées en dessous et à ciel ouvert, au commencement du xixe siècle, par le sieur Topinard,
également propriétaire des carrières de l'abbaye
du Val. Les pierres étaient en grande partie em-
barquées dans un port vis-à-vis le village de
Champagne. Une route toute droite y conduisait
sur laquelle on voyait, à droite, dans les marais,
un cabaret depuis longtemps disparu.

En 1858, un riche propriétaire, M. Charles Hibert,
acheta ces terrains accidentés et les champs du
marais pour en faire un lieu de plaisance. Il y
traça des allées, y fit construire un modeste pavillon pour servir de rendez-vous de chasse et
loger le garde, puis il entoura l'ensemble d'un
mur continu. Il obtint aussi de tracer une route
dans la forêt, qui de sa grille va à la grande avenue de Paris, et donne un très appréciable rac-
courci.

M. Hibert, en mourant, laissa la propriété, en
1891, à son garde, M. Dailly. Celui-ci la céda, en
1893, à M. Manchez, rédacteur au journal le
Temps, qui y fit de nombreuses améliorations. Il

construisit sur la hauteur un château, des dépendances, et aménagea le parc, qui est très mouvementé. Les déblais des carrières, les blocs non utilisés, roulés au hasard, sont devenus, patinés par le temps, des rochers de belle allure. Ils sont maintenant recouverts de mousses, de plantes grimpantes, et dans cet enchevêtrement poussent des sapins et des bouleaux pittoresques. Des routes habilement tracées se déroulent au milieu de tous ces accidents de terrain, et présentent à l'œil des effets inattendus et agréables.

De la terrasse du château, orienté nord-sud, on jouit d'une vue très étendue sur les forêts de l'Isle-Adam et de Carnelle, sur la vallée de l'Oise vers Beaumont, et les plaines du département de l'Oise. Dans le bas, des eaux abondantes forment des rivières et alimentent le ru des Vanneaux dont nous allons maintenant parler. La tranquillité, le calme sont les caractères de cette proprété et lui donnent un charme particulier.

Les Vanneaux

Jolie situation, dans des prairies, à deux kilomètres environ de l'Isle-Adam par la table de Cassan.

Cette propriété tire son nom des oiseaux bien connus, les vanneaux, ainsi appelés, paraît-il, à cause du bruit que font leurs ailes en volant, comparé à celui d'un van qu'on agite pour purger le blé. Malgré leur maigreur, un proverbe dit : « qui n'a point mangé de vanneau, n'a point mangé de rôt ». Ces oiseaux voyageurs aiment à se poser dans les prairies découvertes, où ils trouvent la nourriture et la sécurité.

Le domaine était, au XIXe siècle, composé d'un moulin assez important et de grands bâtiments à l'usage de ferme. Un étang, assez étendu et très poissonneux, fournissait l'eau au moulin. Cet étang était alimenté par le ru qui sort des Forgets et sert de limite aux communes de l'Isle-Adam, de Presles et du village de Prérolles dépendant de cette dernière.

Dans ce hameau, il y avait un domaine considérable qui, en 1731, appartenait au sieur Mesange. On trouve M. Dehaut, pharmacien à Paris et inventeur des pilules qui portent son nom, propriétaire des Vanneaux en 1841. Son gendre, M. Petit, lui succède, embellit le tout et fait construire une jolie maison à gauche, proche la route de l'Isle-Adam à Prérolles, d'où l'on a une belle vue sur le vallon du ru du Bois, sur les coteaux de Champagne et les bords de l'Oise.

En 1896, le domaine passe entre les mains de M. Piédallu, riche propriétaire de l'Isle-Adam. Il fait de nombreuses acquisitions de prés et de terres, notamment des terrains communaux dits « Tête des Marais de Nogent », appartenant à la ville de l'Isle-Adam, et, en échange avec l'Etat, des bois de la Grande Bouverie. Tous ces biens étaient enclavés dans les terres des Vanneaux.

M. Piédallu crée ensuite une ferme d'élevage, et l'on voit bientôt paître dans des prairies parfaitement entretenues de nombreux troupeaux de vaches et de bœufs. Les terres acquises sont cultivées avec soin ; l'étang est vidé et nettoyé de ses roseaux envahissants. M. Piédallu fait construire aussi, dans une île, un pavillon auquel on

Frémont, édit., Beaumont

accède par des ponts rustiques, et orne de massifs les berges de la pièce d'eau.

En 1910, c'est M. Giraudeau, agent de change, qui achète la propriété et en fait sa demeure. A sa mort, en 1912, le domaine est vendu à M. Calamme, qui y habite peu, mais qui continue la culture et l'élevage.

Le domaine est à plat, entouré de forêts et de prairies : c'est un frais vallon fort attrayant.

La Faisanderie

Le prince de Conti avait fait installer vis-à-vis de son château, à gauche de ses somptueuses écuries, sur la route de la table de Cassan, une vaste faisanderie.

En 1829, M. Boullier est propriétaire de ce terrain, avec une grande maison située à l'endroit où se trouve aujourd'hui le château. A cette époque le parc, assez restreint, est entouré de terrains appartenant à divers propriétaires de Parmain et de l'Isle-Adam.

A la mort de M. Boullier, vers 1874, c'est M. Thoureau, son gendre, qui lui succède et agrandit le domaine par de nombreuses acquisitions de terres et de bois attenant à son parc.

En 1882, l'ancienne demeure est démolie et remplacée par un château important construit par l'architecte Thomas, auteur du Grand Palais. Chacune des façades est d'un style différent ; l'ensemble ne manque ni d'originalité ni d'élégance,

LE CHATEAU DE LA FAISANDERIE   *Frémont, édit., Beaumont*

si ce n'est pourtant la toiture qui semble un peu lourde.

L'entrée principale, sur le chemin de Cassan, est ornée d'une belle grille. Le parc s'étend jusque dans l'Isle-Adam ; il est peu accidenté et planté de différentes essences ; un petit cours d'eau — le ru du Gué, autrefois ru d'Orgueil — qui vient du château de Cassan, le traverse. Il y a de belles échappées de vue sur la Petite Plaine, la forêt, et le chemin de Beaumont : c'est un parc tout à fait bourgeois, commode et sans prétention.

Le Vivray

On trouve l'étang du Vivray — ou étang du Volelard — dans les anciens plans terriens de l'Isle-Adam, dont il est éloigné de cinq cents mètres environ.

C'est un vallon étroit, où existait une flaque d'eau sauvage, encombrée d'herbes et de plantes aquatiques. Le sommet du cirque est percé de carrières de pierres à bâtir. Les eaux alimentaient un moulin à blé, qui a été désaffecté avant 1870. On y a ensuite fabriqué des épingles de blanchisseuses, puis moulu du plâtre.

Les eaux, qui traversent sous un ponceau la route de Pontoise à Beaumont, formaient, à environ cent mètres à droite, un autre étang entouré de grands arbres, qui, aujourd'hui remblayé, servait à faire rouir le lin à l'époque encore peu éloignée où la culture de cette plante était pratiquée dans nos contrées. En 1826, cet étang et ce moulin appartenaient à M. Provigny; ils sont devenus la propriété de son gendre, M. de Montgeon, en 1868.

M. Piédallu, dont nous avons parlé à propos
des Vanneaux, en devint acquéreur en 1900. Il
acheta alors toutes les carrières et tous les terrains d'alentour, ainsi que les champs de la
Croix-des-Vignes, qui produisaient encore de bon
vin au commencement du siècle dernier. Il fit
vider et nettoyer l'étang, y construisit un élégant
pavillon pour se baigner, et transforma le moulin
en maison d'habitation.

C'est M. Lerche, un grand hôtelier de la rue
de Rivoli, qui en est propriétaire depuis 1912. Il
a également beaucoup amélioré l'ensemble du
domaine en créant des pelouses, en plantant des
massifs et en transformant l'ancien moulin en un
charmant cottage.

Le Vivray est un coin intime et riant, dominé
par la forêt en cet endroit plantée de sapins, sur
lequel se détache tout l'ensemble, la maison,
les eaux et les pelouses.

Le Château de l'Isle-Adam

M. Dambry, notaire, acquit de la « bande noire » les anciens terrains des écuries du prince de Conti, et on l'en trouve propriétaire en 1832. Il fit faire de grands terrassements, planta et dessina un parc à l'anglaise, l'entoura de sauts de loup et de grilles. Il traça des rivières qu'alimente le trop plein des eaux des fontaines des environs de la Mairie et d'un étang qui existait dans le clos Bergeret. Il fit également édifier un petit château carré dans le style italien.

C'est ce même M. Dambry, maire, conseiller général et député, qui fut le vrai créateur de l'Isle-Adam. Par son influence, de nombreux boulevards furent tracés et plantés, notamment l'avenue des Ecuries en 1837, et il contribua à l'embellissement de la ville par des dons considérables à l'église, au presbytère et à la mairie.

Après sa mort, le château fut acquis par M. Dalloz, du *Moniteur Universel*, qui fit quelques achats de terrains environnants de 1873 à 1899. M. Desfossés, son gendre, vint après lui et fit de

LE CHATEAU DE L'ISLE-ADAM
Frémont, édit., Beaumont

nombreuses acquisitions pour s'agrandir, surtout vers le chemin de Cassan. C'est dans cette partie que coule le ru du Gué, qui vient de traverser le parc Thoureau. Le château fut remanié et augmenté d'une aile et d'un beau perron.

En 1914, M. Guernier, député de Saint-Malo, se rendit acquéreur de ce joli domaine.

Le château de l'Isle-Adam est séparé de l'Oise par la place du Feu-de-Saint-Jean. Il a vue sur la rivière, la plage et les ponts, le chemin de fer de Parmain, et d'autres échappées sont ménagées sur le village de Jouy-le-Comte, le coteau de Champagne, la Petite Plaine et toute la vallée.

Quoique au centre de la ville, ce château est isolé. Le parc est magnifique et planté d'arbres gigantesques. Les entrées sont ornées de grilles remarquables, et, sous les hautes frondaisons, on est là, à la fois, à la ville et à la campagne.

La Commanderie

Nous ne parlerons que pour mémoire du château de M. Binder, qui n'a trouvé son nom de « la Commanderie » qu'au moment d'être morcelé.

La propriété, d'abord peu importante, appartenait à M. Boullier, déjà nommé, de 1832 à 1853. M. Ch. Binder, le célèbre carrossier, l'acheta et s'appliqua à l'augmenter et à l'embellir. Il fit creuser des rivières, perça des allées, planta des massifs d'essences variées, et accidenta le terrain qui était très plat. Il édifia un château important avec la façade vers l'Oise et le coteau de Parmain.

M. Binder, amateur de jardins, établit aussi un vaste potager où croissaient les légumes, les vignes et les fruits rares. Il élève ensuite à grands frais un jardin d'hiver et de vastes serres. Ses collections d'azalées sont citées et ses serres prennent rang après celles si célèbres de M. Mame, à Tours.

M. Binder a également une très belle galerie de tableaux, où l'on voit les œuvres de tous les maîtres de l'école moderne, Géricault, Millet, Rousseau, Troyon, de nombreux Jules Dupré et des animaux de Barye.

M. Berthier achète la propriété en 1895, et y fait d'énormes dépenses. Après sa mort, M. de Zogheb, comte romain, lui succède, construit des écuries somptueuses, puis s'entend avec une société pour diviser et vendre le parc. Le château est alors démoli, les matériaux vendus, les pièces d'eau comblées, les beaux arbres abattus, les monticules nivelés ; de larges rues sont tracées et la mise en vente commence.

De nombreuses villas se sont élevées à la place des lacs et des terres, — et c'est aujourd'hui un des plus jolis quartiers de l'Isle-Adam que celui du parc de la Commanderie, desservi par la superbe avenue de la République, proche la gare, l'Oise et l'agglomération urbaine.

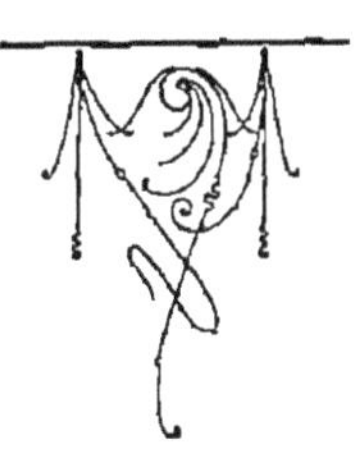

LA

FORÊT DE L'ISLE-ADAM

La belle forêt de l'Isle-Adam, de forme allongée, a une contenance de 1,685 hectares. Elle se développe sur 9 kilomètres dans sa partie la plus longue, de Cassan à Baillet. Les forêts de Montmorency, au sud, et de Carnelle, au nord-est lui touchent presque.

Le prince de Conti l'a admirablement aménagée à grands frais. Vers 1777 et 1780, il la fit clore de murs et de sauts de loup sur une étendue de 13,164 toises, et pour ce travail dépensa 310,000 livres.

De nombreuses routes droites convergent vers des ronds-points d'où l'on peut suivre, sans bouger, les péripéties des chasses. C'était dans ces ronds-points que stationnaient les riches carrosses conduisant les dames et les invités du prince qui ne montaient point à cheval.

Conti fit dans la forêt de nombreuses constructions, notamment, comme nous l'avons vu, la maison forestière de Cassan (1772), celle de la grille de l'Isle-Adam, en haut de l'avenue des Marronniers (1775), de la Croix-l'Abbé et de la grille du Bois-Carreau, en 1742.

Il créa un parc aux sangliers en bas du village de Nerville, d'une contenance de 300 arpents, clos de murs. Il sépara la haute et la basse forêt par des barrières à l'anglaise de 3 mètres de haut et de 8 pieds de large ; chaque vanteau avait un poteau et des serrures pour fermer à volonté, et cela sur une longueur de 2,500 toises. Cette clôture allait depuis le Parc-aux-Sangliers jusqu'à La Garenne de Villiers-Adam.

Entre ces barrières, à la route du Bois-Franc, il édifia un rendez-vous de chasse avec salle à manger, cuisine, écurie pour 10 chevaux, et un chenil. Il fit élever à peu près le même bâtiment, dit Pavillon de Paris, au rond-point du même nom sur la grande avenue, entre les routes Marton et des Larris (aujourd'hui route Conti) ; ce pavillon, très confortable, avait comme le précédent tout le nécessaire, et une maison à Cassan : la maison ambulante, sans doute démontable. Mais la principale construction en forêt fut la *Tour de Nerville*, dont nous avons déjà parlé, construite

LE CHEMIN DES VANNEAUX ET LE CHÊNE CONTY DIT LA JUMELLE   *Frémont, édit., Beaumont*

sur le plus haut plateau de l'Isle-Adam, à 189 mètres d'altitude, et élevée de trois étages ; elle avait 6 mètres dans œuvre et était couronnée d'une terrasse qui dominait tous les bois environnants, et d'où l'on pouvait suivre les débouchés sur les plaines et les forêts voisines.

On fit également de grands travaux dans la forêt de Carnelle (1), aussi appelée la *Forêt du Comte*, en ce qu'elle appartenait autrefois aux comtes de Beaumont. On y voit un monument mégalithique très important et fort connu : la *Pierre Turquaise*, qui semble n'être autre qu'un ancien tombeau entouré de cercles en pierre debout. On creusa des étangs, on éleva des clôtures depuis Beaumont jusqu'à Presles, et on fit poser des barrières à Nointel.

Cette forêt a aujourd'hui une contenance de 1,000 hectares et est percée de nombreuses routes d'une longueur totale de 120 kilomètres, avec des ronds-points pour la vue. L'ensemble était alors estimé à 800 arpents de bois de haute futaie et à 147 arpents de taillis ; son sol est très accidenté et forme des vallons profonds ; il y a aussi de hauts sommets. On y remarque un plateau de 209 mètres d'altitude qui est un des points les plus élevés du département ; de ce

____

(1) Même étymologie que *Carnac*, en Bretagne : Carnel des Ossuaires.

plateau on découvre le cours de l'Oise depuis Creil jusqu'à Pontoise et au-delà. Près de ce point culminant, se trouve le village de Saint-Martin-du-Tertre, fondé en 1154 par Mathieu II de Montmorency. Le château s'élève à un kilomètre de l'agglomération. Il appartenait au seigneur de Franconville-Sous-Bois, qui le vendit au Prince ; il a été somptueusement reconstruit par le duc de Massa ; il y a un théâtre important, et on y accède par des grilles superbes.

Mais revenons à l'Isle-Adam, où nous voyons les belles routes de la forêt se développer sur une longueur totale de 110 kil., dont 15 kil. pavés en blocages dans les côtes. On y rencontre, à 3 kil. de la ville, sur la route des Bonshommes, la maison forestière de la Baraque, beaucoup plus moderne que ses sœurs ; à 300 mètres, le carrefour du Tremble, où la route de Mériel coupe celle des Bonshommes ; puis à 200 mètres, la Plâtrière, exploitation assez importante, et sur le sommet du coteau, à 400 mètres, le poteau La Tour, rond-point qui porte le nom de l'Ancien Rendez-vous de Chasse ; enfin, à 600 mètres de ce dernier point, au bout de la forêt, le château des Bonshommes, reste d'un ancien prieuré fondé en 1170.

Avant la création de la route de grande communication qui passe à la Croix-l'Abbé, il y en avait une autre plus loin, venant de Villiers-Adam

et de Chauvry. Elle entrait en forêt à la maison
forestière dite des Quatre-Marronniers. Cette voie,
maintenant route du Poirier, traversait les Coutumes de Montsoult et se dirigeait vers le village
du même nom. C'est près de cette route que
André construisit des fours à chaux, dont on voit
encore les ruines.

La forêt de l'Isle-Adam se trouvait autrefois
dans la maîtrise de Saint-Germain. Elle dépend
maintenant de la Chefferie de Chantilly. Les bois
qui ont été absorbés pour constituer cette forêt,
sont les bois de Méry, qui allaient de cette paroisse à Presles et contenaient plus de 4,000 arpents, ayant pour principaux propriétaires,
en parties inégales : le prince de Conti, les
Feuillants de l'Abbaye du Val, l'Hôtel de Pontoise, le marquis de Verderonne de Stors, le marquis de Saint-Chamant de Méry, et plusieurs
autres.

La forêt de l'Isle-Adam fut donnée par Napoléon à la reine Hortense. Aujourd'hui elle appartient à l'Etat. Les principales essences d'arbres
forestiers dont elle est plantée sont : le chêne,
le hêtre, le bouleau, le charme, le châtaignier,
le tilleul, le noisetier et quelques pins et sapins.
Son exploitation donne lieu à un grand commerce
de bois d'industrie et de chauffage. On y fabrique
du charbon, des cerceaux, des piquets, du
treillage, etc.

Le gibier y est abondant et toutes les familles d'oiseaux de nos climats y sont représentées. Il y a quelques ruisseaux et des mares. La flore est très riche, surtout vers les Vanneaux et Prérolles; au mois de mai le muguet y pousse partout en abondance et attire de nombreux promeneurs. On y voit plusieurs arbres géants : les jumelles de la Table de Cassan, le gros chêne à 200 mètres au-dessus du rond-point du Pavillon, et près de la Plâtrière des hêtres remarquables. Il y a aussi des rochers près des bois communaux de Villiers-Adam.

Toutes les anciennes carrières que nous avons citées, qui, pour la plupart, s'étendent sous la forêt, servent maintenant à la culture des champignons, ainsi que toutes celles du coteau de Nogent. Sur les sommets on extrait un calcaire silicieux, espèce de pierre meulière très dure, et dans la haute forêt on exploite des gypses et des glaises; à Cassan on extrait des sables maigres mêlés de silex très recherchés pour bâtir.

Nous avons vu qu'en 1783 le prince, en vendant son domaine de l'Isle-Adam, se réserva l'usufruit et la jouissance des chasses, qui lui avaient tant coûté à organiser avec un luxe inouï. En effet, il n'en existait pas en France de plus belles, de moins fatigantes et de moins dangereuses. On pouvait y chasser toute l'année le cerf, le daim, le chevreuil, le sanglier, etc. Aujourd'hui la chasse de la forêt est divisée en lots, qui sont adjugés au plus fort enchérisseur.

Les promenades sont nombreuses, variées et agréables, les routes sont larges, bien entretenues et toujours sèches. Des poteaux indicateurs renseignent exactement sur toutes les directions. On pourrait dire que ce n'est pas une forêt, à proprement parler, mais un beau parc très étendu et parfaitement agencé.

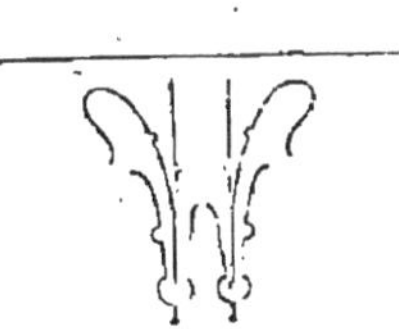

LES PONTS

ET LES ÉCLUSES

La rivière d'Oise, à l'Isle-Adam, se divise en trois bras, sur chacun desquels est un pont. On peut supposer que, primitivement, dans l'intérêt de la défense, le château de l'Isle-Adam n'était relié à Parmain que par un pont-levis protégé par une grosse tour.

Le pont du Moulin aurait donc été construit par Anne de Montmorency, qui devint propriétaire du domaine en 1527 et le posséda pendant quarante années. Certains auteurs avaient pensé que cette construction en pierres à demeure n'avait été faite qu'après l'ordonnance de Richelieu imposant la destruction des châteaux et des forteresses à l'intérieur, vers 1630.

Tel qu'on le trouve au xviiie siècle, le moulin était assez important. Il se composait d'un bâtiment en pierres de 10 mètres de long, sans étage, avec des lucarnes dans le toit, le style est de la Renaissance avec quelques ornements au-dessus des portes et des autres baies. Il avait environ 8 mètres de profondeur et débordait sur la chaussée du pont d'environ 1^m50 ; le reste portait sur des piliers en pierre élevés en rivière. L'audience et la prison qui lui touchaient au sud étaient à peu près de même dimension. Ces bâtiments, un peu en retraite du moulin, étaient moins profonds et semblaient plus modernes, un clocheton les surmontait ; ils étaient comme le moulin soutenus sur des piliers en pierre. Ces constructions furent achetées par l'Etat en 1832 et démolies, vers 1844 ou 1845, pour élargir le passage et donner un dégagement.

A cette époque, le pont se composait de cinq arches plein cintre ; sa longueur totale était de 42 m. 50 et sa largeur de 6 m. 10. L'arche de la rive droite, d'une ouverture de 6 m. 30, était remblayée jusqu'au niveau des hautes eaux. Sous l'arche de la rive gauche, dont l'ouverture est de 5 m. 68, se trouvait un passage de 1 m. 40 de large, qui faisait communiquer le haut et le bas de l'île sans traverser la rue ; ce passage existe toujours.

En 1845, lors des travaux d'amélioration, la

LA GROSSE TOUR DU PONT DU MOULIN AU XVIIᵉ SIÈCLE

largeur de la chaussée fut portée de 6 m. 10 à 10 m. 50, et les matériaux des piles du moulin utilisés pour l'exécution de ce travail.

En 1880, l'arche centrale et celle avoisinant le côté de Parmain furent reconstruites et leur ouverture agrandie d'un mètre environ au détriment de l'épaisseur des piles. La tête amont de l'arche de la rive droite était entièrement masquée par un mur de soutènement en arc, reliant la première pile au mur du quai pour élargir en rond l'accès du chemin de halage, — car il faut savoir que c'est à l'Isle-Adam que le halage, par chevaux, change de côté et quitte la rive gauche pour utiliser le côté droit de la rivière ; du temps du prince, il fallait faire le tour du parc par Jouy.

En 1903, lors de l'établissement de la nouvelle écluse, le pont du moulin fut démoli dans le but de donner un débouché suffisant aux eaux et de rendre le bras navigable. Les piles présentaient à leur base de larges empâtements, obstruant l'écoulement des eaux, surtout dans les crues, et rendaient le passage impossible aux bateaux de commerce. Trois arches furent enlevées et les deux piles centrales ; sur les piles de rive on a posé un pont à arc métallique, franchissant une ouverture de 25 mètres. Il a 8 m. 70 de largeur, dont 5 m. 50 de chaussée, et deux trottoirs de 1 m. 45. Le génie l'a fait sauter, ainsi que le grand pont, le 3 septembre 1914 ; ils ont été remplacés par des passerelles en fer qui ont été livrées à la circulation le 30 novembre suivant. Les piles de culée furent alors consolidées à la base ; ces travaux ont été exécutés à l'abri de deux batardeaux, qui ont été également utilisés pour enlever à sec les fondations des piles ; ce pont avait été livré à la circulation le 1er mai 1915.

Le Grand Pont

Comme nous l'avons vu, il n'y avait autrefois qu'une arche sur le grand bras du milieu ; elle était surmontée d'une croix et au-dessous on voyait l'écusson et les armes des princes ; de là, le nom de Pont-de-la-Croix qu'il portait anciennement. En 1821, on améliora un peu la navigation de l'Oise par différents travaux, dragages et autres. En 1844, nous ne voyons encore au pont qu'une seule arche en anse de panier, de 18^m20 d'ouverture. Comme elle était insuffisante, on y en accola une autre de 18 mètres en 1866, après avoir enlevé le saillant de l'île de la Cohue ; on établit sous cette arche une banquette de halage de 4 mètres de largeur. La longueur totale du pont devint alors de 40^m95.

En 1870, la vieille arche de la rive droite fut détruite par la défense. C'est au bout du vide creusé par sa chute que fut élevée la barricade où l'on se battit en septembre 1870. Après la guerre, en 1871, un pont payant, en charpente, créé par l'initiative privée, rétablit les communications.

Primitivement le passage de ce pont était difficile et dangereux pour la navigation ; aussi tout un personnel d'aides était-il indispensable. On avait, en outre, établi sur la terrasse basse du château une puissante machine, espèce de cabestan, pour retenir et tirer les bateaux, et des hommes se tenaient constamment sur la rive de l'île de la Cohue pour aider les manœuvres moyennant une légère rétribution.

En 1872, on fit disparaître les deux arches en maçonnerie et on les remplaça par un pont métallique de 41 mètres, composé de fermes arquées reposant sur les anciennes culées consolidées. Lors des épreuves, le 26 juin 1872, des déformations se produisirent dans la maçonnerie de la culée de la rive gauche, le tablier s'affaissa et vint se reposer, par son milieu, sur l'ancienne pile heureusement encore existante. Les culées furent consolidées et le tablier remis en place en 1874. La portée de ce tablier était de 41 m. 36 sur 8 m. 90 de largeur. Les fondations de l'ancienne pile en rivière n'ont été complétement

LE GRAND PONT (PONT DE LA CROIX)

enlevées qu'en juin 1900, époque où furent également reprises les fondations des culées.

En 1905, lors de la construction de l'écluse d'amont, on établit deux passerelles en bois, l'une partant du Pâtis, qui relie le chemin de halage de l'île de la Cohue à la banquette du grand pont en aval, et une autre en amont, qui communique de plain-pied avec le chemin qui borde le chenal de l'écluse, mise en service en 1905. Ces passerelles permettent de faire le tour de l'île et sont, l'été, le but d'une promenade charmante. Une foule s'y presse et admire les baigneurs de la plage, si bien installée il y a quelques années.

Le Pont Cabouillet

Aucune modification n'a été apportée à ce pont depuis 1844, et il semble n'avoir pas été beaucoup modifié depuis sa construction. Il est composé de trois arches en plein cintre; sa longueur est de 34^{m}97 et sa largeur de 10^{m}10. C'est sous ce pont que passaient, avant 1866, les bateaux tirés par des chevaux. Ce passage se faisait avec de grandes difficultés et par d'habiles manœuvres du chef de pont et de ses aides, car le pont se trouve dans une courbe très prononcée de la berge et ses arches sont étroites. Jusqu'à la fin du XVIIIe siècle, ces ponts étaient entretenus par l'Hôtel de Ville de Paris.

Les ponts actuels sont établis à 22 m. 25 au-dessus du niveau de la mer et le plafond est à

LE PONT CABOUILLET

19 m. 60. La crue de décembre 1902 fit monter le niveau à 26 m. 78. Il y eut aussi une inondation en 1910, où l'accès de la place du Pâtis et du Feu-de-Saint-Jean était impossible ; cette crue dura 40 jours : elle concordait avec celle de la Seine qui noya Paris. Il y eut encore des inondations en 1852, 1872, 1876, etc. En traversant les ponts, on se fait une idée de la beauté du pays : la vue s'étend au loin sur l'Oise, d'amont et d'aval, sur l'écluse, le barrage, les coteaux de Jouy, Champagne, sur Beaumont et les plaines de l'Isle-Adam et de Persan ; l'ensemble est d'une beauté captivante.

Barrages, Écluses

L'ancien barrage fixe était établi à l'extrémité
aval de l'île du Prieuré. Cet ouvrage avait été
construit en pierres de l'Aisne, de 1829 à 1832 ;
dans les fouilles on avait trouvé une barque
préhistorique creusée dans un tronc d'arbre. Au
mois de juin 1903, en démolissant la pile du
pertuis, on a trouvé une plaque en plomb portant
cette inscription :

N. TOPINARD

MAIRE DE L'ISLE-ADAM

A POSÉ CETTE PIERRE

LE 13 OCTOBRE 1830

LOUIS-PHILIPPE,

Roi des Français.

Le barrage proprement dit avait 109ᵐ75 entre
sa culée sur Parmain et la pile en rivière du per-

tuis ; il a été formé par un fort massif d'enroche-
ment et environ 7 à 800 pieux de différentes
longueurs reliés entre eux par des moïses et des
arbalétriers ; son avant-radier avait une largeur
de 6 mètres et était formé de moellons dégrossis
posés à la main ; son glacis était perreyé à sec sur
une largeur de 6 mètres et sa pente était de 0,20
par mètre ; l'arrière-radier avait une largeur de
15 mètres et était composé de moellons bruts
échoués. Vers la rive gauche, un pertuis faisait suite
au barrage ; il était fermé de puissantes aiguilles
et n'était ouvert qu'au moment du chômage de la
navigation ; le tout a été démoli à partir de 1902.

En 1852, dans le but d'augmenter le mouillage
et de régler les nombreuses oscillations du plan
d'eau, le barrage fut surmonté de hausses
composées d'aiguilles en bois appuyées sur
un léger tablier mobile articulé qui pouvait s'a-
battre ; ce système permettait d'assurer en tout
temps un mouillage de 2 m. 10 d'eau. La construction de l'écluse avait été effectuée en même
temps que celle du barrage auquel elle tenait ;
elle fut livrée à la navigation en septembre 1832 ;
sa longueur était de 65 mètres et sa largeur de
8 mètres ; elle ne pouvait contenir qu'un seul
bateau.

Nouveau Barrage

A la suite du développement du trafic, la capacité des anciennes écluses devenant insuffisante, ainsi que la profondeur du mouillage, un programme d'amélioration de la navigation de l'Oise fut décidé et déclaré d'utilité publique par la loi du 10 décembre 1886.

Pour l'Isle-Adam, il fut convenu d'établir une écluse pouvant contenir six bateaux, construite sur la dérivation de la rivière, en amont de l'Isle-Adam, sur le prolongement de l'axe du grand bras.

Au droit de la dérivation, du côté de Parmain, a été constituée une nouvelle retenue par un barrage monumental à tablier mobile s'élevant à volonté sous un pont métallique ; une petite écluse pour les bateaux à vapeur ou isolés en fait partie. Une fois l'ancien barrage démoli, le plan d'eau a baissé de 1 m. 50 dans la traversée de l'Isle-Adam.

Comme nous l'avons vu, la navigation s'effectuait par le grand bras et le bras dit Cabouillet; ce dernier est maintenant complètement abandonné pour la navigation et s'ensable d'une façon inquiétante.

La nouvelle écluse et le barrage ont été terminés en 1901 et mis en service en 1902. Son trafic est énorme; avant cette guerre de 1914, il était éclusé de 30 à 36,000 bateaux par an, d'une moyenne de 290 à 300 tonnes, dont environ 16 à 20,000 chargés; le principal fret était le charbon. Dans la petite écluse, il passait environ 250 bateaux à vapeur, de 180 à 190 tonnes. On a fait sauter, en même temps que les ponts, une partie du barrage vers Parmain; il a été reconstruit en 1916.

On peut constater, par ce qui précède, l'importance du commerce de l'Oise canalisée qui, malgré la concurrence du chemin de fer du Nord, fait un trafic d'un tonnage plus grand que n'importe quel port de France, excepté Paris.

PLACES, RUES

CHEMINS

ET RUISSEAUX

Les voies de communication sont nombreuses
dans l'Isle-Adam ; elles sont bien entretenues, bordées de trottoirs et le plus grand nombre, plantées
d'arbres. Le territoire, très étendu, est de 1552 hectares, dont une grande partie en bois et forêts. Il se
limite au Nord par l'Oise ; à l'Est par le ru du Bois ;
au Sud par le ruisseau des Vanneaux, le saut de
loup de la forêt, le chemin du fond d'Enfer, la
route Prévost, le carrefour du Chêne-aux-Loups,
les communaux de Villiers-Adam ; à l'ouest par les
vieux murs de la forêt au-dessus des carrières de
l'Abbaye-du-Val, le parc de Stors, le ru du Val ou
de Stors, et l'Oise.

Le chemin de grande communication n° 64 est le plus important ; il va de la station de Marines à la gare de Montsoult, emprunte une partie de la route nationale n° 15, passe par Bréançon, Grisy-les-Plâtres, Epiais-Rhus, Vallangoujard, Labbeville, Nesles-la-Vallée, Parmain, l'Isle-Adam, Nerville, Montsoult avec embranchement sur Presles (route nationale n° 1).

Avant d'entrer dans l'Isle-Adam, dont le terroir commence au milieu du pont du Moulin, cette route touche la Mairie de Parmain qui n'est autre que le petit château du prince de Conty sur la place de la station du chemin de fer.

Les communes de Parmain et de l'Isle-Adam sont si intimement liées qu'il nous est agréable de dire quelques mots sur cette commune. La mairie est un vaste bâtiment du xviiie siècle d'un style élégant et imposant ; à l'intérieur, un bel escalier en pierre à révolution conduit à la salle du conseil et aux bureaux.

L'acquisition de cet immeuble, lors de l'enquête qui eut lieu les 19, 20 et 21 février 1895, a donné lieu à un vif débat.

Parmain venait d'être déclaré commune en 1894 à la place de Jouy-le-Comte ; tous les intérêts et tous les partis s'agitèrent et une lutte très vive s'engagea. Pour s'en faire une idée, il faut savoir que malgré un froid des plus vifs et la neige qui couvrait la terre, 380 personnes vinrent de toutes les parties de la commune pour émettre leur avis ; 244 se prononcèrent en faveur de l'acquisition et 140 contre, la plupart de Jouy-le-Comte.

MAIRIE DE PARMAIN — ANCIEN PETIT CHATEAU DE CONTY

A. Bourdier, imp.
Versailles

L'affaire fut alors conclue, les clôtures qui séparaient le bâtiment de la place furent enlevées et le
monument fut dégagé. Le siège de la municipalité
de Parmain-Jouy-le-Comte avait eu de nombreuses
vicissitudes ; elle avait changé six fois de local en
35 ans : d'abord en face de la montée de la rue
Guichard, dans une seule pièce en location ; puis
vers 1855, on le trouve dans une maison entière, au
bout de Parmain où est également installée l'école.

Sept ou huit ans après, la commune construisit
une mairie sur la route de Jouy, elle est brûlée par
les Allemands le 30 septembre 1870. Le siège de
la municipalité revient alors au bâtiment au bout
de Parmain et rentre à la Mairie quand elle est
réparée. Parmain, à cette époque prend un grand
développement ; il décide alors d'acquérir la construction actuelle inaugurée en 1896.

A partir de la Mairie, le chemin 64 traverse les
voies du chemin de fer par un passage à niveau,
le pont du Moulin, l'île du Prieuré, dans laquelle
s'élève à gauche un château élégant entouré de
grands arbres et de terrasses, à droite s'étend le
parc verdoyant qui laisse par une perspective habilement ménagée une vue sur l'Oise. Touchant le
grand pont, on voit le monument de la Défense du
passage de l'Oise élevé par souscription en 1887 et
destiné à perpétuer le souvenir de la bravoure de
quelques patriotes qui tentèrent d'arrêter les Allemands en septembre 1870. Passé le grand Pont, on
entre dans l'île de la Cohue par la rue de Conty,
bordée d'élégantes villas, et l'on franchit le pont
Cabouillet qui débouche dans la Grande-Rue.

La maison à gauche est l'ancien hôtel Bergeret, acquis par le prince, pour en faire la capitainerie qui communiquait par un souterrain, encore existant, avec le groupe de maisons à droite alors affectées aux officiers de bouche et à leurs services. La plupart de ces bâtiments ont conservé le style du xviiie siècle.

La Grande-Rue, alors rue de la Chaussée ou du Château, était close d'une grille et on y voyait à gauche l'hôtel Saint-Nicolas avec ses galeries, qui sert de cour au boucher. Du même côté on remarque la ruelle des Ecuries de 71 mètres de longueur, et plus loin, après le notaire, le grand hôtel Bergeret qui existe toujours. A droite, en face, se trouvait le chenil ; c'est dans cette Grande-Rue que s'est centralisé presque tout le commerce de la ville.

A l'angle de la rue Saint-Lazare s'élève l'Eglise, autrefois entourée d'un cimetière planté de grands arbres.

Touchant l'église, s'élève le presbytère, construit par l'architecte Boileau en même temps que la mairie. Il est du style de la renaissance et ses salles sont décorées de peintures. Séparée du presbytère par un mur on trouve la *Maison des Prêtres*. Le prince de Conty avait fait venir en 1660 six prêtres, dits joséphistes, de Lyon. Un d'eux remplissait les fonctions de curé et deux autres de vicaires. Ces ecclésiastiques instruisaient gratuitement les enfants, mais ils avaient aussi des élèves payants qui formaient un groupe que l'on appelait le *Petit Collège*. Beaucoup de personnes du pays y firent

MAIRIE DE L'ISLE-ADAM

leurs études. Ces ecclésiastiques continuèrent à enseigner jusqu'à la Révolution.

Le dernier de ces prêtres fut le curé Martin ; il fut incarcéré en 1793 à Pontoise, reprit ses fonctions jusqu'en 1827, démissionna et mourut en 1842. Deux de ces prêtres joséphistes s'engagèrent comme volontaires le 12 mars 1793. Devant leur maison s'étendait un grand terrain nommé le *Clos du Curé* ; il allait de l'avenue de Paris à la rue des Bonshommes et contenait 7 arpents. Il fut autrefois question d'y tracer une avenue. La propriété fut vendue après 1793, et divisée ; la maison fut achetée par M. Bérard de Favas, puis en 1840, par le curé Dumonchel pour en faire un presbytère.

La commune vient d'acquérir cet immeuble des héritiers Duchauffour pour y installer une école enfantine et loger des instituteurs.

La mairie est vis-à-vis de l'église, c'est un bâtiment élégant, élevé en 1866, entouré de grands arbres et d'une belle grille. L'intérieur renferme une salle des fêtes avec un plafond en caissons, dans chacun desquels est peint le nom des communes du canton. On y voit aussi trois grandes toiles décoratives d'Edmond Morin, don de M. Desfossés, et un tableau important de René Tener, le Pont du Moulin. Avant 1866 un lavoir public, entouré de tilleuls, s'élevait à l'emplacement où est aujourd'hui le jardin de la Mairie.

Nous voici dans l'avenue de Paris dite des Marronniers créée vers 1657. Les arbres furent abattus pour cause de vétusté en 1893 et replantés l'année suivante.

On rencontre, avant la rue de Pontoise, une série de maisons des deux côtés de la route que le prince avait fait construire d'un style uniforme. On les nommait les *maisons neuves*, ces constructions dont le second étage était mansardé ont été remplacées par d'autres plus commodes mais d'un aspect moins agréable : une seule a conservé sa première forme.

Au xviiie siècle il y avait peu ou point de maisons dans l'avenue de Paris. Quand on a passé les rues de Pontoise et de Beaumont, on trouve à droite le réservoir des eaux captées pour l'alimentation des écuries. Des conduites suivent l'avenue, alimentent les fontaines et arrosent le parc du château.

A gauche, à 200 mètres environ du réservoir, se trouve le carrefour du *Gros-Orme*, ainsi nommé à cause de l'arbre de la liberté qui y fut planté en 1792. Cet arbre énorme a été renversé en 1914 par un ouragan : on l'a remplacé en 1920 par l'arbre de la Victoire.

Après une côte de 800 m. on atteint la forêt et le Rond-point du *Pavillon de Paris*, puis la route de Mériel à Presles et le village de La Cave ou le chemin 64 emprunte la route nationale ; son parcours est de 3 950 m. dans la commune.

L'avenue des Ecuries doit son nom aux constructions que nous avons décrites. Elle a un parcours de 426 m. et fut plantée en tilleuls après 1839. Elle va de la Mairie à la place du Feu de Saint-Jean. La grille du château s'ouvre dans cette voie ; un peu plus bas une belle fontaine avec vasque est ce qui reste des Ecuries du Prince. C'est sous les ombrages de cette avenue que se tiennent les marchés du mardi et du vendredi : le premier établi en 1870, le second, beaucoup plus important, date du XVIᵉ siècle. Il se tenait, avant 1880, dans la grande rue. Tous les vendredis, viennent sous des abris, quantité de marchands et de marchandes de toures sortes.

Les jeunes filles et les femmes achètent des légumes pour leur cuisine, des fleurs pour leurs appartements, des bibelots, des dentelles, des étoffes légères, de la mercerie de luxe et le peuple, des articles de ménage, des chaussures et de la bonneterie, etc... A l'abri du soleil sous le vaste dôme de verdure la foule circule. On se sourit, on bavarde, heureux de faire connaissance avec ses voisins et il s'établit des liens de sympathie qui rendent agréable la vie à la campagne.

Cette avenue des Ecuries conduit à la place du *Feu de Saint-Jean*, et à la plage si élégamment installée. La place doit son nom à la fête qui s'y donnait chaque année la veille de la Saint Jean. On plantait un arbre au milieu de la place, de préférence un bouleau. Il était entouré de paille et de fagots que chacun apportait et des banderolles de toutes couleurs étaient accrochées dans les branches. Vers 5 à 6 heures, le clergé venait donner sa bénédiction, le curé allumait le feu et le peuple commençait à danser en rond autour du foyer. La nuit venue, les habitants de Jouy-le-Comte et de Nogent se disputaient ce qui restait de l'arbre, dont les débris, paraît-il, avaient toutes sortes de vertus. Comme cette fête donnait lieu à certains désordres, elle fut supprimée vers 1869.

La rue Saint-Lazare commence à l'église et finit au Vivray où elle rejoint le chemin 67 : son parcours est de 1,056 mètres ; elle passe devant la vieille Mairie à droite — aujourd'hui Justice de paix — qui date de 1835, devant la ferme Saint-Lazare, ancienne léproserie — dont la chapelle a donné le nom à la rue. Vis-à-vis se trouve la fabrique de filtres Maillé, ancienne fabrique de porcelaines Létu.

Le chemin 67 va de Pontoise à Clermont, il forme les rues de Pontoise (1,050 m.) et de Beaumont 1,100 m.). Autrefois, il se prolongeait jusqu'au ru du bois (1,218 m.) depuis la porte de Beaumont ; il est très fréquenté surtout par les autos qui se dirigent sur Beaumont, Chantilly, Compiègne, etc. Etabli en 1842 en remplacement d'un chemin vicinal, il traverse la ville de l'ouest à l'est. A la sortie de Mériel, au ru de Stors ou du Val ; il emprunte le chemin de halage devant le château de Stors, puis il oblique à droite, franchit une partie de forêt et atteint le Vivray (1,200 m.). Il forme. comme nous l'avons dit, la rue de Pontoise, traverse l'avenue des Bonshommes et laisse sur la gauche un lavoir établi en 1843 et arrive à l'avenue de Paris, se continue par la rue de Beaumont jusqu'à la porte du même nom où se trouve la grande grille du parc de Cassan. Il oblique à droite jusqu'à la Table de Cassan et au Pont-des-Rayons, limite de la commune, et ensuite gagne Mours et Beaumont.

De la table de Cassan part le chemin des Vanneaux (1,400 mètres) qui traverse une partie de forêt et la Petite Bouverie, passe devant le château où se limite la commune et se dirige vers Prérolles et Presles. Sur ce chemin 67 il y avait trois croix : du *Vivray*, de la *Croix-Rouge* et de *Cassan*. Au ru du Vivray, on voit un large chemin qui monte à gauche : c'est l'ancien chemin de Paris par Mériel et Méry.

Sur la rue de Beaumont se trouve l'entrée principale du cimetière très remarquable par son étendue et l'importance de ses monuments parmi lesquels on remarque la chapelle Dambry, tombeau de l'ancien maire; de la famille Kapeler qui a donné le terrain pour l'agrandissement en 1891, les monuments Jules Dupré, l'obélisque de l'abbé Grimot, les tombes du général Horix de Valdan qui fut appelé à traiter de la capitulation de Paris en 1870, de Topinard, ancien maire, créateur des carrières de l'*abbaye du Val* et des *Forgets*, du pharmacien Dehaut, du danseur Clodoche, de Villiers Lafaye, ancien maire, etc.

Plus loin on trouve le lavoir de Cassan sur le ruisseau qui sort du parc et traverse la route. C'est près de ce lavoir que commence la grande rue de Nogent (903 m.), qui va à la place du Tille ou Tillet (1), où l'on a établi une fontaine en 1860. Sur cette place se trouve l'entrée d'une grande propriété ayant appartenu à M. Bergeret.

Toute la rue était anciennement bordée de fermes et de chaumières.

------

(1) Tillet, Tille, Tilleul.

C'est sur la place du Tillet qu'a lieu au mois de juin la fête de Nogent. On voit encore dans cette agglomération la rue du Gué, autrefois rue du Ru, à cause d'un ruisseau qui la traversait. La rue du *Guilleri*, nom joyeux, la rue du *Martray (Martroy, Martyrium)*. En haut, près de l'ancienne église, le chemin de la Madeleine qui conduit à la chapelle du même nom au hameau de Stors. La rue de la *Haute-Salle*, où il y avait un domaine différent de celui de Cassan. La rue de la *Procession*, etc. Dans la rue de Beaumont et faisant suite à la rue de la Croix-Rouge, se développe la rue *Chantepie-Mancier* qui tire son nom des donateurs de l'hospice.

Cet hôpital-hospice est un superbe bâtiment élevé en 1861 et dont la commune fut envoyée en possession par décret en 1872. Les ressources sont fournies par de nombreux legs et par un immeuble, 44, rue du Caire, à Paris, et par un autre, grande-rue de l'Isle-Adam, dons de M. Chantepie. Il y a été adjoint une maison pour vieillards, par testament, de Mme de Lapersonne, ouverte en 1895.

Dans la même rue se trouvent les écoles des filles et des garçons bien installées dans un vaste enclos. Le chemin de la Faisanderie va du pont du Cabouillet à la porte de Beaumont (environ 1,800 m.), traverse la place du Feu-Saint-Jean, passe devant le parc du château de l'Isle-Adam, laisse à droite le château de la Faisanderie, puis, obliquant au sud, se continue par le chemin Vert planté d'arbres, promenade très fréquentée, pourvue de bancs, et arrive à la porte de Beaumont.

HÔPITAL-HOSPICE DE L'ISLE-ADAM   Frémont, édit., Beaumont

De ce carrefour part encore la *Voie-aux-Vaches* qui va au Marais de Nogent et aux Vanneaux (2,350 m.) et le chemin des carrières de Cassan qui conduit à l'île de Champagne (2,152 m.). Il est bordé de nombreuses exploitations de sables et de silex, il traverse des terres labourées, coupe le chemin de la Petite Plaine qui va du ru du *Goulet* au ru du *Bois* à travers les champs (2,160 m.) et dessert l'abattoir.

L'ancienne rue des Bonshommes devenue avenue a été créée en 1836, l'alignement réglé en 1845, continuée en 1852 et plantée en 1857 en tilleuls, va de la rue Saint-Lazare au château des Bonshommes à Montsoult. La forêt y avait un droit qui a été racheté ; elle est bordée de nombreuses villas, un marché aux grains avait été établi à son départ rue Saint-Lazare, en 1793 ; elle a 1,760 mètres de ce point à la forêt et 1,979 mètres au carrefour du Tremble sur la route transversale de Mériel à Presles. La maison forestière de la Baraque se trouve sur cette route en haut d'une côte, 400 mètres avant le Tremble, puis c'est *La Plâtrière*, importante exploitation et en haut du coteau de Nerville, le rond-point du Poteau *La Tour*. Nous ne parlerons que comme mémoire de quelques routes forestières, celle par exemple dite *Sente aux Verdiers*, de la route des Louveteaux à la Croix-du-Val (Porte Noire) qui se développe sur 2,150 m. ; la route des Larris, en partie pavée, du Poteau des Forgets à la Voie aux Vaches (1,272 m.) et ensuite à la Table et à l'Oise, après avoir franchi le ru du Bois. La route du Bois-Franc de la grille des Bonshommes à Baillet, jusqu'au carrefour du Chêne-aux-Loups (2,054 m.).

Le vieux chemin de Paris, par la grille de l'Isle-Adam, commence à la rue de la Renarde, proche l'avenue des Bonshommes. C'est par ce chemin ou par Mériel qu'on allait à Paris.

Avant l'établissement du chemin de fer, en 1844, une diligence partait tous les deux jours du parvis de l'église pour Paris, vers 4 heures du matin; elle passait la nuit dans la capitale et revenait le lendemain ; le prix du voyage était de 3 à 4 francs et autant pour le retour. Le peuple, qui à cette époque, ne gagnait que 20 à 25 sous par jour allait souvent à pied. C'étaient les deux beaux-frères qui avaient organisé le service de ces voitures. Ils s'étaient arrangés pour ne pas se faire concurrencer ; quand la voiture de l'un partait de l'Isle-Adam l'autre partait de Paris. Dans un livre de Balzac *(Un début dans la vie)*, l'auteur nous reporte à 1820 et nous donne une description complète sur les moyens de transport qui mettaient l'Isle-Adam et Paris en communication, sur les hôtels, les auberges et il nous peint le caractère des postillons et des voyageurs.

Eugène Sue place aussi son chourineur à l'Isle-Adam.

Il faut, pour terminer, signaler la belle place du Pâtis, près de l'Oise et des ponts. C'est un vaste rectangle entouré de grands tilleuls qui y donnent de l'ombre à toutes les heures, ce dont profitent les joueurs de boules. Cette place est prolongée par le boulevard de la République, de 20 mètres de large,

LA PLACE DU PATIS ET LE MONUMENT JULES DUPRÉ   *Frémont, édit., Beaumont*

qu'ombragent des tilleuls blancs. Sur cette place se
tient la fête annuelle de la Madeleine au mois de
juillet, elle attire de nombreux marchands, une
grande affluence de visiteurs, et dure trois diman-
ches. C'est aussi là que se donnent les concerts,
qu'on passe les revues et que se font les concours.

A l'angle de la place du Pâtis et de la rue Millet,
face au pont Cabouillet, s'élève le monument
du peintre Jules Dupré, l'un des fondateurs de la
glorieuse école du paysage de 1830.

Ce fut le dimanche 7 août 1894, date retardée par
l'assassinat du président Carnot, que fut inauguré
le monument.

La cérémonie fut présidée par M. Roujon, direc-
teur des Beaux-Arts, assisté du peintre Français,
membre de l'Institut et de M. René Tener, élève
du maître, représentant la municipalité de la ville
de l'Isle Adam. Une foule d'artistes et d'hommes
illustres y assistaient. MM. Roujon, Français et
René Tener prirent la parole pour glorifier le grand
artiste et Mlle Morena, de la Comédie-Française, dit
des vers de Lucien Dupuis.

On lit sur la base du socle qui supporte le buste
en bronze :

La commune de l'Isle-Adam

Les admirateurs et les amis du peintre

Ont élevé ce monument à sa mémoire

Juillet 1894.

Il est de style renaissance italienne et fait le plus

grand honneur à M. Scellier de Gisors, gendre Dupré, pour l'architecture, et à M. Marqueste pour la sculpture. Il est érigé à l'endroit même où s'élevait l'atelier du peintre.

Les rues et places de l'Isle-Adam sont pourvues de nombreuses fontaines et les eaux coulent journellement pendant deux heures le matin pour le nettoyage. Une partie de ces eaux viennent de Nogent par les captations faites par le prince de Conty, et les autres de l'usine qui fournit aussi le gaz. La pression est assez forte pour monter à tous les étages des maisons de l'Isle-Adam et de Parmain.

Plusieurs petits cours d'eau traversent le territoire : le ru du Bois qui borne la commune est large en moyenne d'un mètre ou deux. Son parcours est d'environ 5 kilomètres. Il sort du marais et des sources des Forgets ; il alimente en passant l'étang des Vanneaux, passe sous la route de Beaumont au pont des Rayons et se jette dans l'Oise vis-à-vis de Champagne.

Le ru du Goulet ou d'Orgueil vient comme le précédent des Forgets, alimente les pièces d'eau du parc de Cassan, traverse la route de Beaumont, le lavoir de Cassan, coule dans la plaine derrière le cimetière, arrose le parc de la Faisanderie, un petit coin de celui du château de l'Isle-Adam et se jette dans la dérivation de l'écluse ; la longueur de son cours est de 3 à 4 kilomètres.

Le ruisseau du Vivray (environ 1,000 mètres), sort de l'étang du même nom ou *Vole Lard*, coule dans des prairies, se porte à l'ouest et se jette dans l'Oise à environ un kilomètre en aval de la ville après avoir traversé des terrains dits la *Grande Noue*. Près de sa source il y a une fontaine ferrugineuse dans le parc du Vivray.

Presque toutes les rues sont plantées d'arbres et bordées de jardins bien entretenus qui entourent de jolies maisons. Des trottoirs en ciment mettent le pied à sec l'hiver et conduisent des extrémités de la ville à la gare.

L'Isle-Adam avec sa rivière, sa forêt, ses larges voies ombragées, a la réputation d'être un des plus agréables endroits des environs de Paris. La multiplicité de ses promenades, l'amabilité de ses habitants, les ressources de toute nature qu'on y trouve en font un lieu de villégiature justement réputé.

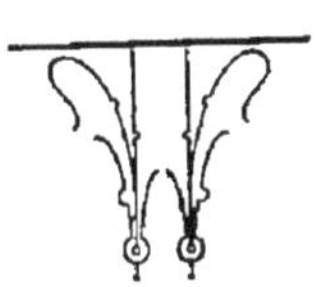

LES ESCARMOUCHES

DE STORS ET DE PARMAIN

du 16 au 30 Septembre 1870

(D'après les documents les plus précis)

COUP D'ŒIL SUR LA FRANCE

AU MOMENT DE LA DÉCLARATION DE GUERRE

Le 30 juin 1870, Emile Olivier, alors président du Conseil des ministres, disait « que le gouvernement impérial n'avait aucune inquiétude ; qu'à aucune époque le maintien de la paix ne lui paraissait plus assuré ». Mais il y avait autour de l'Empereur un parti qui ne rêvait que la guerre.

La Prusse, ayant voulu mettre un prince prussien sur le trône d'Espagne, l'Empereur exigea et obtint la renonciation du prétendant et l'adhésion formelle du roi de Prusse à cette renonciation.

L'Empereur, au lieu de se contenter de cette victoire diplomatique et de conserver la paix, qu'il a dans la main, pose au roi de Prusse des conditions inacceptables et, sur son refus prévu et espéré de les accepter, déclare la guerre contre le vœu de la nation sans autre motif que le besoin de raffermir la dynastie.

ÉTAT DE L'EMPIRE

L'Empire au moment de la déclaration de guerre n'a pas d'alliances ; il ne peut mettre en ligne qu'un effectif à peine égal au *tiers* des armées allemandes ; les cadres ne sont pas au complet ; cent mille gardes mobiles seulement sur quatre cent dix-sept mille sont armés et organisés ; l'artillerie est encore en partie de l'ancien modèle. La moitié des fusils, soit un million trois cent trente-six mille, se chargent par la bouche. Les places fortes ne sont pas en état de défense au point de vue du tir des armes nouvelles ; les approvisionnements en vivres et en effets d'habillement sont insuffisants et très mal répartis.

L'Empereur affaiblit encore ses forces en dispersant son armée, dont il prend le commandement, malgré son ignorance en cette matière. Au lieu d'hommes spéciaux, il s'entoure de généraux de cour et de favoris.

Entré en campagne sans plan arrêté, il change incessamment d'avis ; il n'a prévu aucun revers. Toutes ces causes vont faire plus pour notre ruine que le savoir des généraux allemands.

DÉCLARATION DE GUERRE

La guerre avait été déclarée du haut de la tribune le 15 juillet 1870, et elle fut officiellement notifiée à Berlin le 19.

L'Empereur, sur l'affirmation du maréchal Lebœuf qui croyait tout prêt, part le 28, et le 29 il prend le commandement en chef à Metz. On sait le reste.

Après la défaite de Frœschwiller, l'empire n'existe déjà plus que de nom. Le ministère du 2 janvier est renversé et il est proposé de transférer tous les pouvoirs pendant la guerre à une commission exécutive. La Chambre, dans sa séance du 9 août, vote l'urgence de l'armement des Gardes nationales, et l'Empereur renonce au commandement.

Le général Trochu pressenti, voulait bien accepter le gouvernement de Paris, mais à trois conditions : la rentrée de la garde mobile dans la capitale, le retour de l'Empereur, et la reconstitution de l'armée du maréchal de Mac-Mahon sous Paris.

Après de longues hésitations, rien du projet du général n'est accepté. L'armée de Mac-Mahon abandonne Paris et se dirige vers le nord-est.

Le gouvernement n'exécute qu'imparfaitement la loi sur l'armement des gardes nationales. Cependant celle de l'Isle-Adam est organisée et M. Pernet, ancien capitaine de gendarmerie, est nommé commandant dans les derniers jours d'août.

Après une suite de fausses nouvelles annonçant des victoires imaginaires, les populations s'enfuirent devant les Prussiens. Les routes sont semées de longues files de voitures, de troupeaux, et de paysans emportant tout ce qu'ils peuvent, car la panique gagne de proche en proche. Dans notre région beaucoup se réfugient à Paris ; d'autres se retirent en Normandie.

La mobile de Seine-et-Oise avait été appelée, notamment le bataillon de Pontoise, qui partit pour Paris le 14 septembre.

Le 16, au matin, les soldats français campés à l'Isle-Adam passent l'Oise ; l'ennemi est à Beaumont.

A notre avis, c'est improprement que les combats de l'Isle-Adam que nous allons relater, ont été qualifiés de « Défense du passage de l'Oise ». Les armées allemandes n'ont jamais eu pour objectif le passage de l'Oise à l'Isle-Adam. C'est à Pontoise que le grand duc de Mecklembourg devait changer de rive avec son armée, et c'est là qu'il a commencé à passer, le 18 septembre, pour franchir ensuite la Seine à Meulan et investir Paris par l'Ouest.

En effet, les ponts de l'Isle-Adam ne commandent aucune grande voie menant à un centre important, tandis qu'avec Pontoise, on est maître de la route sur Rouen et de plusieurs autres très importantes.

ESCARMOUCHES DE L'ISLE-ADAM
ET DE PARMAIN

La nouvelle du désastre de Sedan provoqua dans toute la France une irritation extrême. A Paris, le Corps législatif fut envahi, et sous la pression populaire la déchéance de l'Empire fut décrétée.

LA CHUTE DU GRAND PONT EN 1870   *Seyès, édit., Pontoise*

La République fut proclamée le 4 septembre. Le gouvernement provisoire prit le nom de Gouvernement de la Défense nationale ».

La situation était extrêmement difficile. Il fallait essayer de résister à l'armée envahissante, et cela sans ressources suffisantes.

Le gouvernement fit alors appel à toutes les bonnes volontés.

A l'approche des armées allemandes, presque tous les habitants de l'Isle-Adam et de Parmain avaient abandonné leurs foyers.

Le génie français avait fait sauter la seconde arche (côté de Parmain), du pont en pierres qui franchissait le bras principal de l'Oise entre les deux iles, et l'ordre avait été donné de ne laisser aucun bateau à flot sur la rive gauche. Un bac avait été établi par un particulier pour relier l'Isle-Adam à Parmain, et on devait le retirer sur la rive droite à la première alerte.

Comme nous l'avons vu, le 16 septembre au matin, les quelques soldats français de toutes armes, débris d'armée, campés à Nogent, près la route Bonin actuelle, passèrent l'Oise pour se mettre en sûreté.

Le vendredi 16 septembre, quatre uhlans arrivèrent à l'Isle-Adam vers 11 heures du matin. Ils remirent à flot un canot coulé, passèrent à Parmain, où ils détruisirent les appareils télégraphiques de la station du chemin de fer, et enlevèrent ensuite les drapeaux des deux mairies. Dans l'après-midi, ils regagnèrent Beaumont d'où ils étaient venus.

Le lendemain, samedi 17 septembre, arrive à l'Isle-Adam un escadron de cavalerie. Il se loge chez les habitants, réquisitionne, pille et somme la population d'apporter ses armes à la mairie, pour qu'il soit procédé à leur destruction. Une vingtaine de fusils seulement furent déposés ; en les brisant, un coup partit et blessa un soldat assez grièvement. Le matin du dimanche 18, cette troupe d'avant-garde se dirigea vers Pontoise, laissant un poste dans la ville.

Le 17 et le 18 septembre, un grand nombre de troupes passèrent à l'Isle-Adam sans s'y arrêter, et jusqu'au jeudi 22, on ne revit plus d'Allemands. Ce jour-là ils arrivèrent au nombre d'environ 200, avec une cinquantaine de voitures ; ils réquisitionnèrent à l'Isle-Adam et à Parmain et furent très insolents.

ORGANISATION DU CORPS FRANC

Au mois d'août, après nos premiers désastres, M. Capron, pharmacien à Parmain, malgré ses 60 ans, avait essayé, du reste sans succès, de créer un corps franc.

En présence du pillage, des exactions et de l'insolence des Allemands, il reprit son projet et fit un nouvel appel au petit nombre de citoyens valides restés dans la contrée.

Le 23 septembre, dans la matinée, il réussit à réunir secrètement dans une carrière souterraine une quarantaine d'hommes qui s'entendirent pour organiser la résistance. M. Capron fut nommé capitaine, M. Coulon, ancien soldat, meunier à Jouy-le-Comte, lieutenant, et le reste des cadres fut également élu.

Il faut savoir qu'on était sans nouvelles exactes à l'Isle-Adam sur la situation, et que le bruit de l'arrivée de l'armée de Bazaine courait dans la région. Chaque nouveau venu des pays environnants confirmait cette nouvelle, si bien que tous finirent par la croire vraie.

Les gardes nationales de la. rive droite de l'Oise avaient été armées à la fin d'août de fusils à piston ancien modèle et approvisionnées de munitions.

Des affiches du Gouvernement de la Défense nationale engageaient les populations à résister énergiquement à l'invasion ; elle recommandaient cependant d'éviter les actes isolés qui, sans utilité, pourraient attirer des représailles sur des localités sans défense.

Le 23 septembre, en sortant de leur réunion d'organisation, les francs-tireurs — c'est ainsi que nous les qualifierons à l'avenir — apprirent qu'un détachement réquisitionnait à Méry, à Mériel, et qu'il se dirigeait vers l'Isle-Adam par le bord de la rivière.

Le capitaine Capron se porta aussitôt vers Valmondois, pensant qu'il pourrait empêcher les Allemands de passer sur la route resserrée, sur une longueur de 3 à 400 mètres, entre l'Oise et le mur du parc de Stors.

La petite troupe s'embusqua sur la rive droite de la rivière, protégée par les troncs de gros peupliers, par des buissons, et put en outre dissimuler un certain nombre d'hommes dans des trous qui n'avaient point été comblés après l'abatage des arbres. En cet endroit, il y a environ 60 à 70 mètres d'une rive à l'autre. Cette courte distance mettait l'ennemi à bonne portée, même pour des armes de chasse chargées à balles et à chevrotines.

A 11 heures du matin ils étaient en position. Les Allemands, déjà attaqués dans la commune de Mériel par deux francs-tireurs, avaient perdu plusieurs conducteurs de leurs chariots de réquisition, et cette légère escarmouche avait mis un certain désordre dans le convoi. C'était du reste par erreur que ce groupe de troupes se dirigeait vers l'Isle-Adam, car c'est à Villiers-Adam qu'il devait se rendre ; mais la ressemblance des noms l'avait trompé.

L'effectif du convoi allemand était d'environ 200 hommes et d'une cinquantaine de voitures.

Aussitôt l'ennemi engagé dans la partie resserrée de la route, les Français ouvrirent le feu. Aux premiers coups les ennemis ripostèrent et se mirent à prendre le galop vers l'Isle-Adam ; mais les attelages et les hommes qui étaient atteints, encombrèrent bientôt le chemin, large en cet endroit à peine de 6 à 7 mètres. Alors les conducteurs coupèrent les traits et essayèrent de fuir à selle ; mais c'était très difficile, la route se trouvant barrée en de nombreux endroits par des chevaux morts ou blessés qui se débattaient, par des voitures en travers. d'autres qui avaient versé, et par des chevaux affolés qui couraient en tous sens.

Les francs-tireurs avaient créé un affreux désordre.

Au bruit de la fusillade, se mêlaient le hennissement des chevaux effrayés, les cris des conducteurs et les appels désespérés des blessés et des mourants.

Bientôt les chariots non atteints arborèrent le drapeau d'ambulance et se mirent à recueillir les morts et les blessés.

Plusieurs cavaliers partirent vers l'Isle-Adam qu'ils traversèrent au galop ; deux chariots qui les avaient suivis tournèrent brusquement à droite dans l'avenue des Bonshommes et montèrent en forêt.

En entendant la vive fusillade, qui dura plus d'une heure, en voyant la fuite des Allemands à travers la ville, les habitants de l'Isle-Adam crurent que c'était l'armée de Paris qui arrivait, en refoulant l'ennemi devant elle.

Une vieille patriote, qui portait un nom historique, la femme Kléber, se mit à crier : Aux armes ! dans la Grande-Rue. Aussitôt on vit accourir des hommes armés qui surgissaient de tous côtés. Et ce fut au milieu de ces citoyens, des femmes, des enfants, que les francs-tireurs allèrent à Stors constater le résultat de leur combat. Tous chantaient et l'enthousiasme était à son comble.

Sur la route, ils trouvèrent 7 ou 8 chariots, une douzaine de chevaux vivants et 8 morts.

Il fut tout de suite convenu qu'il fallait cacher le butin. On décida de le transporter à Parmain, de l'autre côté de l'Oise, dans des carrières souterraines très profondes. Pour cela, toutes les personnes présentes s'attelèrent aux lourdes voitures et on partit, les uns poussant, les autres tirant en chantant. Après avoir difficilement passé l'Oise dans un grand chaland et monté une côte rapide, le tout fut conduit dans la carrière de M. de Lobel. Ces courageux patriotes avaient parcouru environ trois kilomètres en faisant des efforts inouïs ; les chevaux furent conduits dans la forêt du Lay.

Le même soir on vint dire aux francs-tireurs que les Allemands qui s'étaient sauvés en montant l'avenue des Bonshommes, avaient abandonné leurs fourgons en forêt, dans la montée rapide de la Baraque ; ils partirent immédiatement pour les prendre. Mais les voitures étaient gardées, et il fallut combattre pour s'en emparer ; les Allemands laissèrent un mort qu'on enterra sur place.

Le jour tombait quand l'opération fut terminée ; et les voitures chargées de toutes sortes d'objets : effets d'habillement, chaussures, harnais, tabac, toujours tirées à bras, allèrent rejoindre les précédentes dans le même souterrain, à Parmain.

Dans cette journée du 23, les Allemands perdirent environ 10 hommes et eurent une vingtaine de blessés ; ils laissèrent en nos mains 10 ou 11 voitures. Pour éviter toute surprise, un poste fut établi à la barrière du passage à niveau du chemin de fer, dans le cabaret du sieur Gamme, loueur de voitures, qui faisait saillie sur la place de la gare, et des sentinelles furent placées dans toutes les directions.

Le lendemain, 24 septembre, toujours par un temps superbe, un grand nombre d'habitants de Parmain, Nesles-la-Vallée, Jouy-le-Comte, l'Isle-Adam, Champagne, Valmondois et autres communes arrivèrent armés. Ils étaient accompagnés de beaucoup de curieux, parmi lesquels se trouvaient des femmes et des enfants. Dans ces groupes, le bruit qui circulait d'une victoire de l'armée de Paris et de l'arrivée de Bazaine, était devenu une certitude. Près de 1200 hommes étaient à Parmain à midi : gardes-nationaux, pompiers, francs-tireurs des environs ; il y en avait même de localités assez éloignées d'Amblainville, d'Arronville, d'Ivry-le-Temple et de Pontoise.

Malheureusement tous ces hommes armés étaient venus bien plus en curieux qu'en combattants, et il ne fallait point penser à leur imposer la moindre discipline, car chaque groupe avait la prétention d'agir selon sa fantaisie.

Ce même jour 24, eut lieu une autre opération. Les francs-tireurs ayant appris dès le matin qu'un convoi de réquisitions stationnait à la Cave, hameau de Presles, sur la route nationale de Paris à Calais, à 7 kilomètres de l'Isle-Adam, décidèrent d'aller le surprendre. A cet effet, 200 hommes, sous les ordres du lieutenant Coulon, passèrent l'Oise et s'avancèrent dans la forêt. En approchant de l'endroit où stationnaient les Prussiens, ils aperçurent les fourgons rangés sur la grande route et les faisceaux formés à côté ; l'ennemi semblait sans défiance.

Les nôtres s'avançaient quand tout à coup on vit les Allemands courir aux armes et se mettre sur la défensive. Les francs-tireurs firent feu et plusieurs soldats ennemis tombèrent. Aussitôt arriva un peloton de cavaliers qui se mit à la poursuite des Français. Les francs-tireurs et les curieux n'eurent que le temps de se jeter dans les bois, qui heureusement sont proches. Les Allemands ne les poursuivirent pas, et de notre côté il n'y eut point de pertes.

Quelques jours après on trouvait dans un boqueteau, près de la ferme du Val-Pendant, proche de la Cave, les cadavres de deux hommes de Nogent-l'Isle-Adam. C'étaient les corps de Avart Anatole, âgé de 20 ans, et de Gray Eugène, dit Rigollot, âgé de 30 ans ; ils n'appartenaient point à la troupe de Capron. Agissant isolément, ils avaient été cernés dans un petit bois et tués à coups de revolver par des cavaliers.

Pendant que ces faits se passaient à Presles, une reconnaissance dirigée par l'adjudant Warin, qui était venu de Pontoise se joindre à Capron, aperçut un groupe de cavaliers sur la route de Presles à Mériel. Warin fit cacher ses hommes derrière le mur du parc de l'abbaye du Val, attendit l'ennemi dans une sorte de défilé, où la route est étroite et escarpée. Au passage. les francs-tireurs firent feu presque à bout portant et tuèrent huit hommes ; les autres s'enfuirent.

CONSTRUCTION DE LA BARRICADE
DES PONTS

La journée du 24 fut aussi employée à la construction d'une puissante barricade dans l'île du Prieuré, sur le bord de l'arche sautée et coupant la route départementale de Marines à Montsoult.

Le dimanche 25, aucun Prussien n'apparut, et alors les combattants diminuèrent dans une très grande proportion.

Le lundi 26, l'ennemi fut signalé venant en nombre du côté de Méry ; l'embuscade de Stors fut aussitôt garnie de 50 hommes. Les Allemands arrivèrent vers une heure. Ne tenant aucun compte des ordres donnés, les francs-tireurs ouvrirent prématurément le feu ; pour se couvrir les soldats ennemis franchirent le mur de Stors et commencèrent une fusillade qui dura trois heures sans grand résultat. Entre quatre et cinq heures, ils se retirèrent avec quelques morts et des blessés.

NOUVELLE DÉCISION

A l'issue de ce combat, le capitaine Capron, d'accord avec ses hommes, pensa qu'en présence du grand nombre de troupes qu'il voyait se masser entre Mériel et Villiers-Adam, la résistance devenait impossible et dangereuse pour les populations, qui seraient certainement rendues responsables. Le capitaine conseilla alors à ses hommes de regagner leurs foyers, de cacher leurs armes, et il se chargea de faire conduire à Beauvais, dès le lendemain, les chariots capturés, et en même temps de faire disparaître tout ce qui pourrait être compromettant.

Pendant que les francs-tireurs prenaient cette décision dans la plaine des Coutures, entre Valmondois et Parmain, ils voyaient s'avancer, sur l'autre rive de l'Oise. les éclaireurs allemands qui apparaissaient déjà sur les hauteurs de l'Isle-Adam, vers l'avenue des Bonshommes.

Dans la nuit du 26 au 27 septembre, il arriva à Parmain quelques francs-tireurs Lafont-Moquart, échappés de Sedan. Ce fut un malheur, car on fit aussitôt courir le bruit qu'ils précédaient un corps d'armée considérable, ce qui incita les mouvements qui vont su vre.

Le 27, tous les hommes qui avaient combattu restèrent chez eux, conformément à ce qui avait été décidé la veille. Mais ceux qui n'avaient point assisté au combat ni à la réunion, ignorant la réso‐ lution prise, se présentèrent au poste et à la barri‐ cade, croyant leur bonne volonté utilisable. Il en vint même d'assez loin, et surtout des communes où avaient passé les chariots qu'on conduisait à Beauvais. Ne connaissant qu'imparfaitement la situation, ils avaient toujours confiance, et le bruit de l'arrivée d'une armée française se confirmait parmi eux.

Ces nouveaux venus manœuvraient dans la plaine, sur le sommet du coteau de Parmain ; ils faisaient grand bruit et étalage de leur bravoure. Le capi‐ taine Capron, qui les connaissait, n'avait en eux qu'une confiance justement limitée.

Cependant tout aurait été fini sans l'arrivée de ces francs-tireurs Lafont-Moquart, qu'on voulait, malgré tout, considérer comme l'avant-garde d'une armée. On disait qu'ils étaient 200 : ils étaient 7. On parlait d'artillerie qui suivait, de mitrailleuses, etc. ; les cerveaux s'exaltèrent tellement qu'on crut aux nouvelles les plus invraisemblables, et les sages conseils ne purent être entendus.

Poussés par l'opinion publique, le capitaine Capron et ses hommes décidèrent alors d'empêcher le passage de l'Oise, si les Allemands voulaient le tenter.

Nous avons dit où était placée la barricade qui commandait la rue de Conti, le pont Cabouillet et la rue de l'Isle-Adam. Elle fut pourvue d'hommes, ainsi que l'île du Prieuré. Cette île, plantée de grands arbres, est en partie entourée de hauts murs, qui soutiennent des terrasses couronnées de balustrades : élevées de huit à dix mètres au-dessus du plan d'eau, elles forment une forteresse qui commande le cours de l'Oise d'amont et d'aval, ainsi que la plaine, les rues et les places de l'Isle-Adam. La situation était très forte et bien choisie. Une deuxième ligne de défense se trouvait constituée par la voie du chemin de fer, et une troisième par le coteau de Parmain, très boisé, élevé de 60 à 70 mètres et dominant l'ensemble de la fortification.

Nous savons que c'est sur cette colline que se tenaient les groupes nouvellement arrivés qui menaient grand bruit. Inutile d'ajouter qu'ils vont se retirer tout à l'heure, à l'arrivée de l'ennemi, en laissant Capron avec les siens.

Vers neuf heures du matin, les détachements allemands que nous avons vus la veille, dans la plaine de Mériel, ont passé par les chemins de la forêt, et leurs cavaliers ont couché au Vivray, à 500 mètres du centre de l'Isle-Adam. Vers dix heures, leurs premiers éclaireurs traversent la ville et se montrent vis-à-vis de la barricade, sur le pont Cabouillet. Leur artillerie a mis deux pièces en batterie sur la hauteur, entre l'avenue de Paris et l'avenue des Bonshommes, et fouille de ses projectiles le coteau de Parmain. Cependant elle ne peut voir ni atteindre la barricade, qui est cachée par les maisons de la ville.

En même temps les Allemands s'avancent à plusieurs reprises vers la barricade, en la couvrant d'un feu nourri : ils sont chaque fois repoussés en éprouvant des pertes sensibles. Vers 5 heures du soir, ils se décident à se retirer après avoir eu environ 50 hommes mis hors de combat, tant morts que blessés, qu'ils emportent dans leurs voitures. Du côté des Français, personne n'a été atteint. En s'en allant ils mirent le feu à plusieurs maisons de l'Isle Adam ; une grange, rue Saint-Lazare, en face de l'ancienne Mairie, fut seule la proie des flammes, les autres incendies ayant été éteints à temps.

Le lendemain 28, le calme n'est troublé que par quelques coups de fusil isolés, et on n'aperçoit aucun Allemand. Les francs-tireurs profitent de cette tranquillité pour perfectionner et compléter leurs travaux de défense ; ils sont environ 200 de tout âge et de toute condition.

Le jeudi 29, les Prussiens arrivèrent dès le matin en grand nombre et de différents côtés. On peut évaluer qu'ils sont de 2,500 hommes à 3,000 hommes, de toutes armes. On voit qu'ils veulent en finir avec l'Isle-Adam. Le coteau de Parmain est toujours couronné de curieux et de gardes nationaux, qui partiront, comme ils l'ont déjà fait, au premier coup de feu.

Vers onze heures, les Allemands descendent en corps l'avenue de Paris ; à la jonction de la rue de Pontoise, ils font halte et prennent des dispositions pour entrer dans la ville ; ils sont à mille mètres de l'île du Prieuré. Les Lafont-Moquart avec leurs chassepots leur envoient quelques balles. Les Allemands se dispersent en tirailleurs des deux côtés de l'avenue de Paris et avancent en se protégeant derrière les énormes marronniers dont la route était alors plantée ; plusieurs cependant sont atteints. Arrivé à la Mairie, l'ennemi se répand dans les propriétés qui ont vue sur la barricade, dans le clocher, et surtout dans les maisons près du pont. Ils placent des matelas dans les fenêtres et se protègent le mieux possible. Ils occupent également le parc du château des Ecuries, la place du Pâtis et les maisons du quai de l'Oise ; de tous ces points leur tir converge sur la barricade. Ils ont aussi fait passer des troupes en bateau dans l'île de la Cohue et en avançant dans les villas, ils arrivent à être à 50 mètres à peine des Français. La fusillade qui a commencé lentement acquiert bientôt une intensité considérable, et une pluie de balles couvre la barricade, l'île du Prieuré et le coteau de Parmain.

Voyant l'inefficacité de son tir, l'ennemi tente une diversion d'amont et d'aval de l'île, en attaquant des places du Feu Saint-Jean et du Pâtis ; mais ce mouvement ne sert qu'à le découvrir et à lui faire éprouver des pertes. Devant l'insuccès de cette tactique les troupes ennemies se retirent dans l'Isle-Adam, et les francs-tireurs cessent le feu.

Cependant les sentinelles placées sur le coteau signalent des cavaliers qui, en haut de l'Isle-Adam, semblent communiquer avec des troupes venant de Pontoise.

Bientôt l'ennemi fait un retour offensif et, sans espoir de franchir l'Oise, puisque le pont est sauté, s'avance dans la rue de Conti en tirailleurs, en s'abritant derrière les portes et se glissant le long des maisons. Les francs-tireurs les laissent approcher à moins de cent mètres et font une décharge générale à balles et à chevrotines : de nombreux Allemands tombent en jetant de grands cris. Malgré cela, ceux qui suivent avancent toujours en chantant, et venant jusqu'au bord du vide de l'arche détruite, ils criblent de balles la barricade, la route et les maisons de Parmain.

Dans l'après-midi, une suspension d'armes est convenue pour permettre aux Allemands d'enlever leurs morts et leurs blessés. Un chirurgien major s'avança alors entre le maire, M. Thoureau, et le curé, l'abbé Grimot, contraints de l'accompagner. La voiture d'ambulance les suivait ; mais avec une insigne mauvaise foi, les Allemands font marcher des soldats derrière la voiture. En présence de cette manœuvre déloyale, les francs-tireurs retirèrent le drapeau garant de l'armistice et firent feu. Le chirurgien fut tué entre le maire et le curé. qui se sauvèrent sans en être empêchés par les Allemands, eux-mêmes empressés de fuir. On ne s'explique pas comment les officiers ennemis, qui ne pouvaient ignorer la chute du pont, ont pu supposer qu'ils se rendraient maîtres de la barricade sans pouvoir l'aborder. Ils ont sacrifié inutilement leurs soldats qui, avec un grand courage, sont venus à plusieurs reprises, sous un feu meurtrier, jusqu'au vide béant impossible à franchir.

Après la fuite du maire et du curé, la fusillade continua avec la plus grande intensité. Les Allemands tiraient de toutes les maisons, de tous les murs, de tous les abris qu'ils avaient pu trouver, et de notre côté le tocsin sonnait à Jouy-le Comte et à Champagne.

Dans la journée du 28, un officier de uhlans était venu à la mairie de Pontoise enjoindre à la munipalité de rétablir le pont le lendemain, menaçant, en cas de refus, de brûler la ville. Les conseils municipaux de Pontoise et de Saint-Ouen-l'Aumône se réunirent le soir. A minuit, M. Guéniot partit pour aller prévenir les défenseurs de Parmain. Il s'arrêta à Valmondois, chez Léopold Binet, un des francs-tireurs, qui se chargea de communiquer cette nouvelle à la barricade. On avait agi de la même façon à Beaumont-Persan.

Vers 4 heures, le capitaine apprit qu'un fort détachement s'était dirigé vers Mours, village situé à 5 kilomètres en amont, avec de l'artillerie et des pontonniers. Il gravit aussitôt la colline de Parmain pour se rendre compte de la situation, et il envoya des hommes en reconnaissance. En revenant il rapporta le reste des munitions cachées dans la carrière.

Il n'y avait plus alors à la barricade que sept com-

battants et 25 fusils, presque tous à deux coups.
Les hommes étaient bien couverts par le retranche-
ment, mais il était à peu près impossible d'en sortir; le tir de l'ennemi balayait constamment la
route. Il fallait pourtant penser à la retraite, car
on venait d'apprendre que la position était tour-
née. Pendant qu'on se battait ferme à l'Isle-Adam,
une compagnie d'infanterie allemande avait traversé l'Oise avec des barques entre Mours et Beaumont,
et, développée en tirailleurs, elle s'avançait sur
près de 1,500 mètres par les villages de Champagne
et de Jouy-le-Comte.

Capron donna l'ordre de retraite à 5 heures du
soir, la barricade fut évacuée au milieu des plus
grands dangers. Après avoir gagné le sommet du
coteau, les francs-tireurs essayèrent encore de résister, mais leurs armes n'avaient pas assez de
portée. Voyant l'inutilité de leurs efforts, ils se dis-
persèrent en pensant que les Allemands allaient
certainement tirer une cruelle vengeance de leur
héroïsme et faire un exemple pour jeter la terreur
dans la région et empêcher le retour de pareils
actes de bravoure.

Très peu d'habitants restèrent chez eux cette
nuit-là. Comme le temps était beau et la tempéra-
ture très douce, presque tout le monde coucha dehors. Les francs-tireurs se cachèrent dans les villages voisins et dans les bois. Le soir même de cette
journée, les Allemands commencèrent à établir un
pont de bateaux en amont de celui de Beaumont,
dont une arche était sautée, travail qui fut terminé
le lendemain. Ils firent alors franchir l'Oise à un

nombre considérable de troupes, et ce jour-là vendredi 30 septembre, les Prussiens, qui n'avaient
laissé qu'une faible garnison à l'Isle-Adam, arrivèrent par la rive droite de l'Oise. Pour essayer de
cerner et de prendre les héros de Parmain, ils
s'étendirent jusqu'à un rayon de dix à douze kilomètres. On les vit traverser les communes et les
villages de Champagne, Jouy le-Compte, Hédouville, la ferme de Grainval, Frouville, Labbeville et
Nesles-la-Vallée. Ils trouvèrent toutes ces localités
à peu près désertes ; les paysans s'étaient réfugiés
dans les bois avec leurs bestiaux. Les Allemands
arrivèrent à Parmain sans avoir éprouvé aucune
résistance, et heureusement sans avoir capturé aucun franc-tireur.

Parmain fut alors complètement cerné par une
compagnie d'infanterie du 27e prussien, qui avait
reçu l'ordre d'incendier le village. A cet effet, les
soldats allèrent chercher de la paille aux meules
voisines. Ils la plaçaient de préférence dans les
escaliers ; ensuite ils entassaient au-dessus des
meubles et d'autres objets inflammables, puis ils
mettaient le feu. Ils brûlèrent ainsi presque l'ensemble des habitations de Parmain, et si quelqu'un
s'avisait de protester ou de tenter d'éteindre l'incendie, il était immédiatement saisi. En outre,
plusieurs personnes furent arrêtées, notamment
des vieillards qui croyaient n'avoir rien à craindre.
Ces paisibles habitants furent maltraités, emmenés
à Pontoise, attachés à la selle des cavaliers et obli-
gés de suivre pieds nus la marche du cheval. Sur
l'ordre d'un officier supérieur, sans doute un peu

moins barbare que les autres, ils furent remis en liberté le soir même.

L'incendie commença vers 9 heures du matin et une heure après le feu était dans toutes les maisons. Parmain flambait ! C'était, paraît-il, d'une beauté horrible quand vint la nuit.

L'œuvre de destruction accomplie, les troupes allemandes se retirèrent, les unes vers Beaumont, les autres du côté de Pontoise. Elles laissèrent seulement des postes destinés à empêcher d'éteindre les incendies, qui durèrent plusieurs jours. Plus de quarante maisons furent détruites de fond en comble et cent ménages restèrent sans asile. On vit la lueur de cet immense brasier à plus de 30 kilomètres. L'auteur de ces lignes, étant par hasard sur la butte Montmartre, l'aperçut sans savoir au juste quel village brûlait. Des Français eurent la lâcheté de donner les noms des francs tireurs, et leurs têtes furent mises à prix. Le capitaine Capron gagna le Havre, où il prit du service, et aucun des défenseurs du passage de l'Oise ne fut capturé sur dénonciation.

LES PERTES

Un franc-tireur fut tué en franchissant le mur qui sépare la route du parc et en sortant de la barricade, à l'endroit même où s'élève le monument. Il était marié et laissait une jeune femme, qui eut le courage de venir seule, la nuit, chercher son cadavre sur une brouette. Il se nommait Rouillon et était rémouleur à Parmain. L'ouvrier du rémouleur fut blessé en apportant des cartouches ; une balle lui traversa le mollet. Malgré cette blessure et déjà boiteux, il alla coucher le jour de la retraite à 12 kilomètres de là. Un Lafont-Moquart fut aussi blessé ; transporté à l'hôpital de Pontoise, il se rétablit complétement et repartit au combat : on ignore son nom.

Dans la maison de M. Viger, ancien maire — la première villa à gauche après le grand pont en venant du chemin de fer — le domestique fut assassiné par les Allemands pendant que son maître était à l'Etat-Major ennemi pour essayer d'éviter le pillage et l'incendie de l'Isle-Adam. Cet homme. nommé Besniard, était détenteur de dix mille francs appartenant à la Société de Secours aux Blessés, qui furent volés par les assassins.

Un vieillard de 76 ans, M. Desmortiers, ancien juge d'instruction à Paris. fut pris, le soir du dernier combat, les armes à la main, ainsi que le nommé Maître, manouvrier, qui n'avait cependant pas participé à l'affaire. Ayant interpellé sévèrement un franc-tireur qui rentrait chez lui, celui ci lui remit son fusil ; à peine avait-il l'arme entre les mains que le malheureux fut capturé.

Desmortiers et Maître furent brutalisés et fusillés le lendemain à Persan.

Deux jeunes gens qui croyaient l'affaire terminée, rentraient chez eux, quand ils furent tués dans un jardin à Parmain. L'un, un nommé Durand, était fils de la tenancière de l'auberge de Cassan, qui fut assassinée plus tard par Marquelet; l'autre était un ouvrier nommé Lavier.

RÉSUMÉ DES PERTES
DU 29 SEPTEMBRE

FRANÇAIS

Mort : Rouillon, 1.
Blessés : Un franc-tireur et l'ouvrier de Rouillon, 2.
Prisonniers : Desmortiers et Maître, 2.

ALLEMANDS

Les Allemands firent entrer à l'hospice de l'Isle-Adam, non encore ouvert et transformé en ambulance :

Tués...................... 20
Blessés.................... 55

Le soir, ils emportèrent leurs derniers morts et leurs derniers blessés. Deux de ceux-ci, grièvement atteints, dont un officier qui mourut des suites de ses blessures, restèrent à l'hôpital.

En résumé, dans les différentes escarmouches que nous venons de relater, les Allemands ont eu *soixante-dix morts* et *cent cinquante blessés* environ.

A Beaumont, les Allemands avaient rétabli rapidement l'arche du pont détruite. Ils firent de même à Pontoise, où ils concentrèrent toutes les réquisitions du Vexin.

A partir de l'incendie de Parmain, il ne se passa plus dans notre canton que des faits isolés et sans importance. Nous devons dire que les maires de l'Isle-Adam et de Parmain, MM. Thoureau et Per-

sida, méritent la reconnaissance de leurs concitoyens pour les nombreux services qu'ils ont ren-
dus pendant l'invasion.

L'ennemi organisa avec soin son administration.
Il fit rentrer toutes les contributions et ses réquisitions fonctionnèrent régulièrement.

Depuis l'investissement de Paris, les habitants
n'avaient reçu ni lettres ni journaux.

On sait que les négociations de la capitulation
de Paris durèrent quatre jours. La ville était bom-
bardée depuis le 6 janvier, le froid était intense et
les vivres manquaient.

Après l'émeute du 21 janvier, le général Trochu
avait démissionné, et le général Vinoy fut nommé
gouverneur de Paris le 23 janvier 1871. Le siège a
duré quatre mois et douze jours, et le bombarde-
ment un mois. A partir du 15 janvier, la ration
était réduite à 300 grammes de pain, et la viande
de cheval, depuis le 15 décembre, à 30 grammes
par jour. La mortalité avait triplé.

L'armistice fut signé le 28 janvier, mais le feu
avait cessé le 26 à minuit, de convention mutuelle
avec les armées allemandes.

Une fois le siège terminé, chacun courut à sa
famille et où étaient ses intérêts.

Jusqu'au versement des premiers milliards,
l'Isle-Adam fut occupé par les armées allemandes,
ainsi que plusieurs grandes communes du canton.
On y constata quelques rixes entre Français et soldats ou officiers allemands. A l'Isle-Adam, M. Renet
Tener, qui venait de faire la campagne dans Paris,
fut arrêté et brutalisé pour avoir fait remarquer à

un officier prussien son impolitesse à l'égard d'une
femme ; il ne fut remis en liberté que grâce à l'in-
tervention énergique des autorités françaises.

Les officiers et les soldats menaient joyeuse vie,
au milieu de nous et à nos dépens.Enfin, M. Thiers,
par un versement anticipé, débarrassa une partie
du territoire, et tout de suite on se mit à l'œuvre
pour réparer les désastres.

LE MONUMENT

Pour conserver le souvenir de l'acte d'héroïsme
de la défense de l'Isle-Adam et de Parmain, la circulaire suivante fut adressée aux populations des
deux localités :

L'Isle-Adam, le 18 mai 1886.

A NOS CONCITOYENS,

Grâce à la patriotique initiative de nos compatriotes
de Beaumont-sur-Oise, un monument va être élevé,
sur le territoire de Persan, à la mémoire de DESMOR-
TIERS et de MAITRE, fusillés par les Prussiens, en 1870,
pour avoir pris part à la défense de Parmain.

Tout en applaudissant de grand cœur à l'hommage
qui va bientôt être rendu à ces deux vaillants, lâche-
ment assassinés par nos vainqueurs, hommage auquel
nous serons les premiers à nous associer, nous croyons
qu'il importe également de transmettre aux générations
futures le souvenir impérissable de l'héroïque défense
de Parmain.

Aujourd'hui, sur tous les points du sol envahi où
d'aussi glorieuses actions se sont accomplies, le bronze

et le granit s'élèvent, perpétuant la mémoire de ceux qui, à l'heure sombre de la défaite, n'ont pas désespéré du destin de la France, dont ils ont au moins sauvé l'honneur... Il faut qu'il en soit de même à l'Isle-Adam ; il faut qu'à l'endroit où se dressait la barricade des défenseurs de Parmain une inscription rappelle constamment à ceux qui passent, que là, en septembre 1870, une poignée de patriotes, luttant contre des forces trente fois supérieures, ont exposé leur vie pour repousser l'invasion.

Pour mener à bonne fin l'œuvre dont nous prenons l'initiative, nous adressons un chaleureux appel à tous les Patriotes, à tous les Français, sans distinction d'opinions ni de partis, qui admirent l'héroïque conduite des combattants de Parmain. Nous les invitons à nous adresser leurs souscriptions pour l'érection du monument commémoratif de la Défense.

C'est dans ce but que nous nous sommes constitués en Comité.

Nous sommes certains d'être entendus, parce que nous savons qu'en France, ce n'est jamais en vain qu'on fait appel au sentiment national.

VIVE LA FRANCE !

Le Comité :

GIROLLE, HARDY (Sévère), JOLIVET (Auguste), MORARD père, REMY, RENET-TENER, conseillers municipaux ; DELANDRE, sculpteur ; QUINTEL, propriétaire ; VALENTIN, rentier.

Après avoir recueilli de nombreuses souscriptions, et notamment celle de la ville de l'Isle Adam, le monument fut inauguré le 25 septembre 1887.

Voici ce que nous lisons dans les feuilles locales :
Dès le matin se pressaient dans les rues de l'Isle
Adam les Pompiers, les Sociétés de tir, les Sauveteurs
médaillés, les Fanfares, les Harmonies de l'Isle-
Adam, Beaumont, Persan, Champagne, Jouy-le-
Comte, Hédouville, Auvers-sur-Oise, Pontoise,
Villiers-Adam et Chambly (Oise).

A 2 heures, ces Sociétés se réunissaient à la
Mairie et parcouraient, au son des clairons et des
tambours, ces magnifiques avenues où, dix-sept
ans auparavant, tonnait le canon et crépitait la
fusillade. Dès 4 heures, une foule qu'on peut évaluer à 3,000 personnes, couvrait les ponts et la
place du Chemin-de-fer.

MM. Hubbard, Ferdinand Dreyfus, de Jouvencel
et Barbe, députés ; Deloncle, délégué de la Ligue
des Patriotes ; Girolle, Renet Tener, Jolivet, Hardy
Sévère, Morard père, Remy, conseillers municipaux de l'Isle-Adam ; Capron, le héros du jour, les
francs tireurs survivants prennent place sur l'es-
trade, et le voile couvrant le Monument tombe aux
accents de la *Marseillaise*. M. Girolle, au nom du
Comité, le remet aux citoyens de Parmain et de
l'Isle-Adam comme un dépôt sacré, emblème du
patriotisme et de l'honneur.

Le citoyen Deloncle, vice-président de la Ligue
des Patriotes, dans une magnifique improvisation,
soulève des applaudissements frénétiques. M. de
Jouvencel prend la parole pour définir le rôle de
l'armée dans la France républicaine. MM. Georges
Villiers-de-l'Isle-Adam, Amédée Burion et le citoyen
Caron, président des Sauveteurs, disent des vers

LE MONUMENT AUX MORTS DE 1870   Frémont, édit., Beaumont

émus où vibrent les sentiments les plus élevés.
M. Capron termine par une chaleureuse allocution,
et la foule se sépare profondément impressionnée
par tout ce qu'elle vient de voir et d'entendre. On
se donne rendez-vous pour l'inauguration du monument de Persan, élevé à la mémoire de Desmortiers
et Maître, qui aura lieu le 16 octobre.

Le soir, un banquet réunissait cent cinquante
convives. Plusieurs toasts furent portés. Nous
sommes sûrs que cette fête a laissé une durable
impression à ceux qui y ont assisté.

Le Monument, d'une grande simplicité, est érigé
sur la route départementale de Marines à Montsoult, proche le grand pont, dans l'île du Prieuré,
à l'endroit même où se trouvait la barricade.

Il se compose d'une pyramide en pierre posée sur
un socle entouré d'une grille ; le tout a cinq mètres
de hauteur. Sur la façade, au-dessous du médaillon
de la République par Delandre, on lit, gravé dans
la pierre :

1870

Défense du Passage de l'Oise

Septembre 1870.

Il a été ajouté en 1898 :

Sous les ordres du capitaine Capron,

Décoré pour ce fait,

Décédé à l'Isle-Adam, le 20 mai 1897...

Sur les faces latérales :

Morts pour la Patrie

A droite : *Besniard, Durand, Maître, Avart.*

A gauche : *Desmortiers, Rouillon, Lavier, Gray.*

Il n'y a dans ces noms qu'un seul franc-tireur de la barricade : c'est Rouillon ; les autres ont été tués en différents endroits. Le Monument est l'œuvre de Leclerc, architecte.

Un autre monument a été élevé dans le cimetière de l'Isle-Adam par la municipalité ; il renferme les restes des combattants.

La colonne porte cette inscription :

Victimes de la Guerre

30 Septembre 1870

Besniard, Durand, Lavier, Avart, Gray

(24 Mai 1871)

MONUMENT DE PERSAN

Les malheureux Desmortiers et Maître, une fois pris, furent conduits à Auvers, puis ramenés à Beaumont.

Voici les détails de leur exécution : Aussitôt le pont de bateaux établi, toutes les troupes allemandes passèrent sur la rive droite de l'Oise avec les otages, en les traînant à leur suite. Ces malheureux faisaient pitié à voir. Attachés ensemble, le

visage pâle et défait, les vêtements souillés de boue
et de sang, leur physionomie indiquait de vives
souffrances morales et physiques. Au moment de
s'engager sur la passerelle, Desmortiers et Maître
furent ramenés un peu en arrière et contraints de
lire une proclamation placardée sur les volets du
sieur Courtois, marbrier. Cette proclamation est
reproduite dans le Recueil officiel des Actes admi-
nistratifs, n° 1, octobre 1870, page 2. Les Allemands
aussitôt arrivés s'étaient substitués aux autorités
françaises et avaient nommé un préfet de Seine-
et-Oise et des chefs de service. Le préfet était
M. Branchitsch.

Voici la proclamation :

Nous, général commandant la 3e armée allemande,

Vu la proclamation de sa Majesté le Roi de
Prusse, qui autorise les commandants en chef des
différents corps de l'armée allemande à établir
des dispositions spéciales relatives aux mesures à
prendre contre les communes et les personnes qui
se mettraient en contradiction avec les usages de
la guerre, relativement aux réquisitions qui seront
jugées nécessaires pour les besoins des troupes, et
de fixer la différence du cours entre les valeurs
allemandes et françaises, nous avons arrêté et arrêtons les dispositions suivantes, que nous portons à
la connaissance du public.

1° La juridiction militaire est établie par la pré-
sente.

Elle sera appliquée, dans toute l'étendue du territoire français occupé par les troupes allemandes, à toute action tendant à compromettre la sécurité de ces troupes, à leur causer des dommages ou à prê-. ter assistance à l'ennemi.

La juridiction militaire sera réputée en vigueur et proclamée par toute l'étendue d'un canton, aussitôt qu'elle sera affichée dans une des localités qui en font partie.

2° Toutes les personnes qui ne font pas partie de l'armée française et n'établiront pas leur qualité de soldat par des signes extérieurs, et qui :

a) Serviront l'ennemi en qualité d'espion ;

b) Egareront les troupes allemandes, quand elles seront chargées de leur servir de guides ;

c) Tueront, blesseront ou pilleront des personnes appartenant aux troupes allemandes, ou faisant partie de leur suite ;

d) Détruiront des ponts ou des canaux, endommageront des lignes télégraphiques ou des chemins de fer, rendront les routes impraticables ;

e) Incendieront les munitions, des provisions de guerre ou les quartiers des troupes ;

f) Prendront les armes contre les troupes allemandes ;

Seront punis de mort.

Dans chaque cas, l'officier ordonnant la procédure instituera un conseil de guerre chargé d'instruire l'affaire et de prononcer le jugement.

Les conseils de guerre ne pourront condamner à une autre peine que la peine de mort.

Leurs jugements seront exécutés immédiatement.

3° Les communes auxquelles les coupables appartiendront, ainsi que celles dont le territoire aura servi à l'action incriminée, seront passibles dans chaque cas d'une amende égale au montant annuel de leur impôt foncier.

4° Les habitants auront à fournir ce qui est nécessaire pour l'entretien des troupes. Chaque soldat recevra par jour :

750 grammes de pain
500   —   de viande
250   —   de lard
 30   —   de café
 60   —   de tabac et 5 cigares
1/2 litre de vin ou 1 litre de bière ou 1/10 d'eau-de-vie.

La ration à livrer par jour pour chaque cheval sera de :

6 kilogrammes d'avoine
2 bottes de foin
1/2 botte de paille.

Pour le cas où les habitants préféreraient une indemnité en argent à l'entretien en matière, l'indemnité est fixée à *deux francs* par jour pour chaque soldat.

5° Tous les commandants de corps détachés auront le droit d'ordonner la réquisition des fournitures nécessaires à l'entretien des troupes. La réquisition d'autres fournitures indispensables dans l'intérêt de l'armée ne pourra être ordonnée que par les généraux et les officiers faisant fonctions de généraux.

Sous tous les rapports, il ne sera exigé des habitants que ce qui est nécessaire pour l'entretien des troupes, et il sera délivré des reçus officiels pour toutes les fournitures.

Nous espérons, en conséquence, que les habitants ne feront aucune difficulté de satisfaire aux réquisitions qui seront indispensables.

6° A l'égard des transactions individuelles entre les troupes et les habitants, nous arrêtons que 8 silbergros ou 28 kreutzer équivalent à un franc.

Le commandant en chef de la 3ᵉ armée allemande,

FRÉDÉRIC-GUILLAUME,

Prince royal de Prusse.

Sans aucun jugement, après la lecture de cette affiche, Desmortiers et Maître franchirent l'Oise et furent enfermés dans un réduit de la maison Bordat, tuilier, sur le bord de l'Oise, un peu en amont du pont ; ils y passèrent la nuit. Le lendemain, à six heures du matin, les Allemands traînèrent Maître et le vieillard dans un champ, près de la maison. et les fusillèrent. Cet acte de sauvagerie fut accompli par un peloton du 27ᵉ de ligne prussien ; il ne s'était pas écoulé cinq minutes entre le départ de la maison et la mort des victimes.

Voici l'acte de décès :

COMMUNE DE PERSAN

Extrait des registres de l'État civil :

Le tribunal civil de première instance du deuxième arrondissement communal du département de Seine-et-Oise,

Vu la requête, etc...

Attendu, etc...

Pour ces motifs, déclare constant à la date du 29 septembre 1870, dans la commune de Persan, le décès de Louis Deterville-Desmortiers, ancien juge d'instruction près le tribunal de 1ro instance de la Seine, né à Thors (Charente-Inférieure), le 30 avril 1799, fils de François-Henry Desmortiers et de dame Duvergier, marié à Neuilly-sur-Seine, le 14 mai 1825, à dame Julie Campi.

Acte de décès de Maître

Le tribunal civil, etc...

Pour ces motifs, déclare, etc., le décès de Edouard Maître, ouvrier carrier, né le 3 janvier 1837, à Jouy-le-Comte...

De ces deux jugements, il semblerait résulter la preuve que Desmortiers et Maître ont été fusillés le 29 septembre. Ce serait donc par erreur que le monument porte la date du 1er octobre 1870. Desmortiers et Maître ayant été faits prisonniers dans la soirée du 29, n'ont point été fusillés ce jour-là, mais bien le 30 septembre.

L'EXHUMATION

Le jeudi 22 décembre 1871 eut lieu l'exhumation des victimes enfouies l'une sur l'autre, en présence de MM. le Sous-Préfet, le Conseiller général, et 50 à 60 francs-tireurs.

LE MONUMENT

La Loge maçonnique de Beaumont ne voulant pas laisser dans l'oubli le crime commis sur les patriotes Desmortiers et Maître, prit en 1884 l'initiative d'ouvrir une souscription pour leur ériger un monument à Persan, près de l'endroit où ils avaient été fusillés. Il s'élève sur la route de Clermont, à 150 mètres environ de l'endroit où eut lieu l'exécution, et à l'entrée même de la briqueterie Bordat, où les victimes furent enfermées la veille de leur mort. Le terrain a été donné par le Conseil général.

Le Monument est en granit belge ; il a coûté environ 3,000 francs, montant des souscriptions. L'Etat a fait don de 4 canons qui, plantés en terre et reliés par des chaînes, forment, avec 4 peupliers, l'entourage. La municipalité de Persan qui l'a reçu, a pris l'engagement d'en assurer l'entretien et la conservation.

Le socle porte l'inscription suivante :

A la mémoire de deux Patriotes
Desmortiers et Maître
Pris par les Prussiens à la défense de Parmain
et fusillés par eux sur cette place
le 1er octobre 1870.

L'inauguration a eu lieu le 16 octobre 1887 ; elle fut l'occasion d'une grande manifestation patriotique très bien organisée.

Toutes les Sociétés de sapeurs-pompiers, les Sociétés de gymnastique et de musique du canton, les Sauveteurs de Seine-et-Oise, avaient leurs places assignées sur la route nationale.

A 2 heures, le cortège se mit en marche ; tous les groupes défilèrent devant la Mairie magnifiquement pavoisée, et prirent part à un vin d'honneur.

A 3 heures, le cortège se dirigea vers le Monument, tambours et clairons en tête, suivis des Sociétés, des délégués des municipalités, des délégations ouvrières, de M. le Sous-Préfet et de M. Maze, sénateur, président de la fête.

Une foule compacte se presse autour du Monument qui vient d'être découvert et qui apparaît entièrement caché sous les couronnes et les fleurs. Les musiques jouent la *Marseillaise*. M. Monty, vénérable de la Loge « la Fraternité », remet le Monument à la municipalité de Persan.

M. Maze prononce un discours fort applaudi. MM. le Sous-Préfet, Ernest Hamel, sénateur ; Capron, ex-commandant des francs-tireurs, prennent successivement la parole et exaltent le patriotisme.

Ensuite un groupe de jeunes gens de Persan entonne avec de chaleureux accents le chant d'Erckmann-Chatrian : *Dis-moi quel est ton pays ? Est-ce la France ou l'Allemagne ?* que la foule applaudit avec frénésie.

Et depuis ce jour, au 14 juillet de chaque année et aux jours anniversaires, différentes Sociétés viennent déposer des couronnes et des fleurs, et raviver par de nobles paroles le souvenir de Desmortiers et de Maître.

Quand j'ai écrit cette notice, il y a quelques années, je terminais ainsi :

« Nous souhaitons aux générations futures de ne plus jamais voir l'invasion de leurs foyers, car c'est la plus poignante douleur qu'un Français peut éprouver ».

Hélas ! nous l'avons revue...

Juin 1916.

FIN

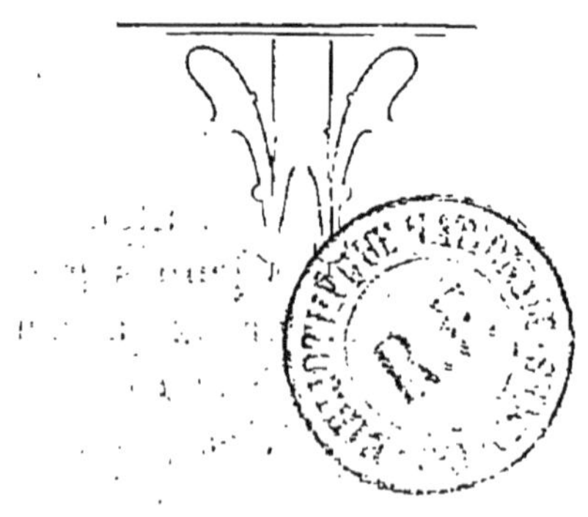

BIBLIOGRAPHIE

Nous devons dire que nous avons emprunté de
nombreux documents à :

Denise : *La Défense de Parmain*, 1 vol. ;

Capron : *Défense de Parmain au passage de l'Oise*,
brochure ;

D'Abbadie : *Les Prussiens à l'Isle-Adam et à Parmain*,
brochure ;

Bernay : *A propos de la Défense de Parmain*,
brochure.

TABLE DES MATIÈRES